U0915604

如梦令
常记溪亭日暮，沉醉不知归路。
兴尽晚回舟，误入藕花深处。争渡，
争渡，惊起一滩鸥鹭。

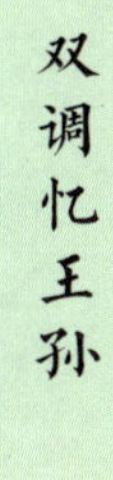

# 双调忆王孙

湖上风来波浩渺，秋已暮、红稀香少。水光山色与人亲，说不尽、无穷好。

莲子已成荷叶老，清露洗、蘋花汀草。眠沙鸥鹭不回头，似也恨、人归早。

# 多丽·咏白菊

小楼寒，夜长帘幕低垂。恨萧萧、无情风雨，夜来揉损琼肌。也不似、贵妃醉脸，也不似、孙寿愁眉。韩令偷香，徐娘傅粉，莫将比拟未新奇。细看取、屈平陶令，风韵正相宜。微风起，清芬酝藉，不减酴醾。渐秋阑，雪清玉瘦，向人无限依依。似愁凝、汉皋解佩，似泪洒、纨扇题诗。朗月清风，浓烟暗雨，天教憔悴度芳姿。纵爱惜、不知从此，留得几多时。人情好，何须更忆，泽畔东篱。

## 一剪梅

红藕香残玉簟秋。轻解罗裳，独上兰舟。云中谁寄锦书来？雁字回时，月满西楼。

花自飘零水自流。一种相思，两处闲愁。此情无计可消除，才下眉头，却上心头。

## 庆清朝慢

禁幄低张，彤阑巧护，就中独占
残春。容华淡伫，绰约俱见天真。待
得群花过后，一番风露晓妆新。妖娆
艳态，妒风笑月，长殢东君。　东
城边，南陌上，正日烘池馆，竞走香
轮。绮筵散日，谁人可继芳尘？更好
明光宫殿，几枝先近日边匀。金尊
倒，拼了尽烛，不管黄昏。

## 行香子

草际鸣蛩，惊落梧桐。正人间天上愁浓。云阶月地，关锁千重。纵浮槎来，浮槎去，不相逢。

星桥鹊驾，经年才见，想离情别恨难穷。牵牛织女，莫是离中。甚霎儿晴，霎儿雨，霎儿风。

# 浣溪沙

淡荡春光寒食天，玉炉沉水袅残烟。梦回山枕隐花钿。

海燕未来人斗草，江梅已过柳生绵。黄昏疏雨湿秋千。

# 心有山海，愿与岁月深爱

## 李清照的诗词人生

姚玉光 著

CNS PUBLISHING & MEDIA 中南出版传媒
湖南文艺出版社

图书在版编目（CIP）数据

心有山海，愿与岁月深爱：李清照的诗词人生 / 姚玉光著. -- 长沙 : 湖南文艺出版社, 2023.3

ISBN 978-7-5726-1002-8

Ⅰ. ①心… Ⅱ. ①姚… Ⅲ. ①李清照（1084-约1151）—传记 Ⅳ. ①K825.6

中国国家版本馆CIP数据核字（2023）第012091号

**心有山海，愿与岁月深爱：李清照的诗词人生**

XIN YOU SHANHAI, YUAN YU SUIYUE SHENAI:
LI QINGZHAO DE SHICI RENSHENG

作　　者：姚玉光
出 版 人：陈新文
监　　制：谭菁菁
责任编辑：匡杨乐
营销编辑：谢朗宁　匡杨乐
装帧设计：袁　芳
内文排版：刘晓霞
出版发行：湖南文艺出版社
（长沙市雨花区东二环一段508号　邮编：410014）
印　　刷：湖南天闻新华印务有限公司
开　　本：880 mm × 1230 mm　1/32
印　　张：8.25
字　　数：176千字
版　　次：2023年3月第1版
印　　次：2023年3月第1次印刷
书　　号：ISBN 978-7-5726-1002-8
定　　价：59.80元
（如有印装质量问题，请直接与本社出版科联系调换）

# 目录

## 壹 美好童年



## 贰 少女情思

## 叁 才情毕露



## 肆 结缡之初

## 伍 祸从天降



## 陆 雪上加霜

柒

青州十年



捌

夫唱妇随



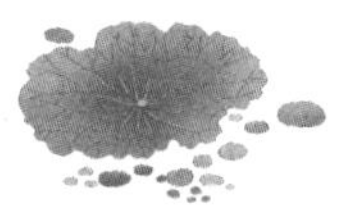

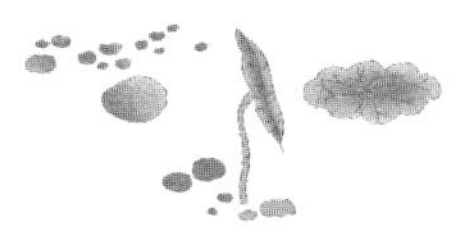

## 拾壹 萧条晚景

壹

# 美好童年

## 婉言拒肥差

公元 1084 年，岁次北宋神宗元丰七年，中国文学史上独领风骚、辉耀千秋的杰出女作家李清照，出生在山东省章丘县明水镇一个官宦人家。

李清照的父亲名叫李格非，字文叔，在章丘县也是闻名遐迩、万民敬重的人物。少年时期的李格非，聪颖过人，常常表现出不同流俗的识见和特异过人的追求。他中秀才后，正是有司以诗赋取士之际，而李格非却独辟蹊径，用意经学，经过夜以继日的刻苦研读，细心揣摩，终于著成数十万言的《礼记说》，引起一时的轰动。宋神宗熙宁九年（1076），踌躇满志的李格非月中折桂，一试中第，考中了进士，同科考中的有五百九十六人。

当时，年轻气盛的神宗皇帝正欲鲲鹏鼓翼，大展宏图，任用王安石进行变法。文坛巨子苏轼在欧阳修谢世十二年后正声名鹊起，李格非对苏轼的文风非常敬慕，经常搜集苏轼的作品细心咀嚼，汲取艺术营养，为己所用，并由此对苏轼的为人和品格倍加敬仰。

在北宋，文人的地位是崇高的。国家取士的名额比唐朝大幅度增加，这就为文人特别是中下层文人提供了进身之阶，任职也相当及时，不必像唐朝那样，候官的时间就需要几年，而是很快就进行任命。李格非中进士后不久，就出任地方官，后调任冀州司户参军，又试学官，为郓州教授。

李格非的官声是非常好的，他清正廉洁，不谋私利，对自己的本职工作兢兢业业，一丝不苟，至于一般人热衷的经济部门，不羡慕，不眼热，总是冷眼旁观，敬而远之。虽然他也明白，征收赋税是国家最重要的财政来源，自古如此，天经地义，但对这些直接向老百姓摊粮征款、派差要夫的事情，还是尽量拉开一些距离为好。然而，树欲静而风不止，实惠的肥差还是找到李格非的门上来了。

一天，李格非公务之余，正在官舍研读《礼记》，衙役孙德义奉州官之命，请李格非去赴家宴。李格非稍事准备，便随衙役向州官家走去。一路上，李格非十分纳闷，心想："这位已过知天命之年、慈眉善目又不无城府的顶头上司，为什么要设家宴招待我呢？是自己的公务有失误之处？还是州长要关照某个生员有求于我？是同情我孤身一人在此任清闲之职，商量接家眷来郓州之事？还是有什么难以办理的事情要我协助帮忙……"李格非百思不得其解，只得暗暗叮嘱自己："我身为朝廷命官，职务虽然卑微，却也担当着主持科考、为国家选拔贤能之士的责任，违犯法纪的苟且之事，我格非绝对不做，就是搞得不欢而散，也绝不出卖国家的利益和自己的人格……”

李格非心事重重地到了州官家中，一阵寒暄之后，便入座开宴。酒过数巡，李格非一面察言观色，一边思考应对之策。州官那里一味只是敬酒劝菜，根本不提任何要求。李格非更加丈二和尚摸不着头脑，便忍不住问道：“知州大人，下官无功受禄，不知大人有何吩咐？”

知州不慌不忙，眯着双眼说：“且请饮酒，且请饮酒，并无什么紧要之事。”

李格非进一步追问：“老爷，有何见教，尽管直说不妨。你我相处，已非一日，不必过于客气。”

知州见此，略略一顿，举杯相碰，一饮而尽，然后直言道来：“仁兄，你真是个直性子人啊！你既是如此着急，我岂忍再折磨仁兄？实话实说，并无要事请求仁兄帮忙。如兄所言，你我相交已非一日，虽说不上心心相印，可也肝胆相照。我日常见你性情耿直，恪尽职守。独身一人在异地为官，家眷也不曾带来随任，衣食住行，颇多古名士俭朴之风，想必家中境况，并不十分富裕。教授之职，本属清要。仁兄更是师道尊严，一举一动不肯亵渎祖师爷一丝半毫。为此，想将本州赋税之事，委托仁兄，不知你意下如何？”

李格非一听，悬在半空的心方才松弛下来，略加思索，只怕稍不谨慎，伤害了州官的感情，便尽量压低声音，用非常舒缓的语调回答说：“大人的美意，下官感激不尽。大人的推测，也完全符合实际。下官自幼蒙先君教诲，读圣贤文章，常思廉洁自律，不以清贫为羞。唯愿兢兢业业，报效朝廷，从不敢萌生非分之想。如今已近而立之年，为官之路尚且久远漫长，日子会随着俸禄的增加而节节改观。赋税之事，乃钱粮大政，责任重大，容下官三思，然后定夺。不过，从实讲来，钱粮大政，除了徒增职守之累，于我并无好处可言。处理不当，还会同教授之职互相干扰，只怕有负于大人之托了。”

知州闻听此言，先是一惊，接着拍手称道：“仁兄廉洁奉公，俭朴自励，胸有冰雪之操，心怀报国之志，将来必然步步高升、前程无量！”

二人正在说话之间，突然门人进来禀道：“大老爷，李老爷家中来人，说有急事，现在门外等候。”知州说：“既是如此，可请进来待饭。”李格非闻此，立刻起身作揖：“大人，既是家中来人，下官就此告辞，异日再相答谢，包涵！包涵！”

回到私邸，便听家人刘安禀报：“王夫人即将临盆，打发小的来，请老爷立刻回去。”李格非知道这是天大的事体。于是，次日向州官请假探亲，便同刘安一道，迤逦向东北进发。

## 双喜临门

且说李格非和刘安，一路过梁山，越东平，涉河流，穿济南，不到十天，五百里路程已抛到身后，家乡的轮廓已经渐渐清晰地呈现在眼前了。

李格非回到家中的第五天，夫人王氏生下一个眉清目秀的女婴，这就是日后的一代女文豪李清照。

李格非三十得女，自是喜不自持。满月那天，举行了隆重的庆典。李格非的亲戚本家朋友，章丘县衙的各级官僚，都亲临家中，奉礼相贺。的确是人山人海，高朋满座。其中，王夫人娘家的来人，更是气度不凡，与众不同，让所有的客人都另眼相看，加之又是最主要的内亲，一举一动都表现出大家的风范。这一天的礼仪，除了生色及绷绣线之外，最吸引人的莫过于并果子洗儿。亲戚、朋友、邻居们，把煎熬好的香汤倒入大盆中，用几丈长的彩色大绸把浴盆包装得热烈鲜艳，然后王氏把果子、彩钱、葱蒜等什物放入水中，李格非便用钗子开始搅水，搅到水速极快时，围观的亲朋们便把钱撒入水盆之中，叫做添盆。这时，最紧张最兴奋的是已婚并盼子的妇女们，见到盆中的红枣有直立着的，便争抢而食，据说吃了这种枣子就会生男孩。随后是为李清照在盆中洗浴，洗浴之后是落胎发，落胎发之后是装饰打扮。小清照被修饰得容光焕发，宾客们见了无不齐声夸赞，都说这孩子容貌端庄秀丽，目光炯炯有神，好像非常懂事的样子，将来一定会有大出息。李格非抱起小清照，仔细端详，清照睁开凤眼，向父亲灿烂一笑，似有神通，好像真的懂事一般。李格非心中猛然一惊，顿时觉得这个孩子不同凡俗。然而，又立刻控制住自己的激动，并不说出口来，便飞速移窠，把小清照抱到邻居家已准备好的房子中去了。

到鼓乐声息、宾客离散之后，夜深人静，凉风习习，窗纸之上树影斑驳。在闺房之中，李格非向夫人讲起白天的这种感觉，夫人淡然一笑，说道："你是读书为官之人，岂能不深谙生育之道？刚刚满月的小毛丫头，能懂得什么人事？我看你是听那些亲戚朋友你夸他赞，也飘飘然自觉羽化登仙了。"李格非说："可是，孩子笑得的确灿烂动情啊！"王夫人说："那你就把小清照当男孩看待，多加培养，看她将来能不能出人头地。"

满月过后，一向把公务看得重于一切的李格非，便起程到郓州去了。刚到郓州，见过州官，寒暄道喜之后，州官神秘而庄重地说："仁兄，我正有一件天大的好事要告诉你，你今年真是鸿运通天，双喜临门！吏部下函调你到京城任太学录！”李格非一听，浑身的热血好像立刻达到了沸点，脸膛上焕发出青春的光彩，目光中迸发出喜悦的神情。这是一个多少人梦寐以求的职位啊！谁不愿意在金碧辉煌的京师为官呢？谁不愿意享受在天子脚下任职的荣光呢？经历了几任地方官职，李格非终于有了出头之日，一种扼住命运喉咙、干一番轰轰烈烈的大事业的欲望，霎时间油然而生，并且全都显现在这舒心的微笑和深邃的目光之中了。

## 遥思京师

美丽可爱的小清照在母亲的精心呵护下一天天长大。一周岁的时候，李格非不在家中。但是，满月晚上李格非对小清照的评价，却总是萦绕王氏心头。

小清照周岁那天一大早，趁邻居亲朋尚未到来，她便把李清照着意打扮整齐。这时的小清照已经可以坐稳、爬行并牙牙学语。王氏把果子、面食、笔砚、算秤、经卷、针线、脂粉、玉佩、手鼓、绢花等物随意地摆放在小清照面前，进行试晬，小清照若有所思，又似乎并不在意，眼睛一转，随手就抓起一支毛笔，在书卷上乱敲，王氏不由一阵惊喜，却又半信半疑。调换了一下什物的方位，再试，小清照一转身，又把毛笔抓到了手中。王氏兴奋得一把抱起小清照，禁不住热泪夺眶而出。

后来，王氏又为李清照生了一个聪明可爱的弟弟，取名李迒。由于父亲在京城为官，家中的大小事务，都由王氏安排定夺，李清照耳濡目染，显得极其懂事而早熟。她经常帮助母亲料理家务，操心家事，照看弟弟，像个小小的女管家，又像个严厉的小先生，为此常受到母亲的夸赞。

少女李清照的闺房，布置得高雅而有条理，充满了浓厚的文学和艺术氛围。窗前的书桌上，纸、墨、笔、砚各就其位，从不错放或乱摆，偶尔李迒弄乱了次序，李清照就会毫不客气地命令他重新整好。《论语》《诗经》《庄子》《唐诗精选》《三字经》，整整齐齐地放在右上角，往里是父亲的《礼记精义》《济北集》和《史传辨志》，这些著作李清照是轻易不让李迒触摸的，俨然一个家学精要的守护神，为此，李迒少不了向母亲告状。

窗台上养着一盆吊兰，一盆文竹。后墙上有一幅苏武牧羊图，图下的红木方桌上放着一张古琴，两个精致的棋罐，里面分放着黑白棋子。床上的被褥铺得格外整齐，撒花的床单上放着一幅初学的刺绣。王氏无论有多忙碌，都不会懈怠对清照的课督。她是大家出身，琴棋书画，样样精通，诗词散文，各体皆工。她总是很合理地调配对清照的教育内容，有意识地培养清照的各种才能。李清照天资聪颖，又勤奋好学，各方面的提高都非常迅速，令母亲暗暗称奇。

一天中午，母亲因事外出，嘱咐清照好好照顾弟弟。小清照说："娘，你放心，尽管去吧，我会照顾好弟弟的。"

正是夕阳衔山时分，灿烂的晚霞慷慨无私地把它的金辉铺洒在李家的大院。树木、围墙、照壁、窗棂都笼罩在迷人的玫瑰色彩中，李清照和李迒那充满稚气的红扑扑的脸蛋和清澈如水的眼睛显得更加可爱动人。姐弟俩正坐在院中的蒲团上期待着母亲的归来，李迒突然若有所思地问清照：

"姐姐，你说外公会接我们到皇宫中去吗？"

"哪个外公呀？"

"就是娘常说的宰相爷外公啊！"

"那不是咱们的亲外公，你别瞎想啦！"

"怎么不是？娘说是外公。"

"告你说不是，就不是。你怎么偏说是？"

"就是，就是！娘说领着我，跟上外公去见皇上呢！"

"你真傻，那皇上是让你见的？"

姐弟二人正在争持不下，母亲回来了。李迒便撒娇地请母亲断官司。王氏便讲起了外公家的事情。

“你们的外公家，也就是我的娘家，本来是四川成都华阳县人，后来迁到了舒州（今安徽潜山市）。我的爷爷，爷爷的父亲，爷爷的爷爷，辈辈都是进士，都是大官。我的亲爷爷名叫王准，一生功勋卓著，位至汉国公。可惜他英年早逝，福寿不永，留下四个儿子，撒手而去。我的父亲、伯父、叔父都立志继承汉国公的遗志，报效宋王朝，建立不世的伟业。特别是叔父王珪，他在兄弟四人中，年龄最小，志气最大，成就和功名也最大。”

“就是那个宰相爷外公吗？”李迒仰面聆听，抓住时机发问，还没从与姐姐的争论中解脱出来。

“是啊，就是那位宰相爷外公。不过，严格地说，他不是你们的直系外公，是旁系外公，准确的称呼应该叫叔外公，因为娘不是他的女儿，而是他的亲侄女。”

“那你不会当他的亲女儿吗？”

李清照忍不住了，插话道：“好伶俐的弟弟！女儿哪里能说是就是！谁是谁的女儿，那是老天爷安排的，哪好自己选择？你小小年纪，还挺官迷心窍，看见谁当了宰相，就想认人家做外公，你羞不羞？”

“其实，叔父虽然不是亲生父亲，对我却如同亲生。那年他出使金国回来，给我们同辈十几个孩子的礼品，都一模一样，每人一份，不偏不倚。”

王氏有意压低了声音，深情地说：“爷爷逝世的时候，叔父还不到十岁。他是由他的季父王罕抚养成人的。他在童年时期，就表现得非常机敏，说话常有警人之句。后来，王珪叔父果然高中甲科进士，在名播华夏的扬州府当了通判。许多人看见他年纪太轻，都心存轻蔑之意。当时淮南一带有一伙强盗经常大肆骚扰官府百姓，为首的头目叫做王伦。叔父出谋划策，亲自带领军队在郊外设伏，使强盗受到重创，狼狈地落荒远遁，还收缴了许多兵器赃物，击毙击伤了几百贼人，名声大振。他任职期满，便被调到京师，进了集贤院，后来又任盐铁判官，管理国家财政大事，再修起居注，操持皇帝的日常生活，并进为知制诰，代皇帝起草文书法令。再后来又知开封府，掌握京都的行政大权。最后一直做到宰相的职位。他在重要职位上干了十六年，这在当朝是极少见的呀！”

王氏抚摸着两个孩子的头，轻轻地揽着他们稚嫩细长的脖颈，语气舒缓地告诫说：“古人云，少壮不努力，老大徒伤悲。你们一定要从小立大志，树雄心，像你们的叔外公一样，特别要把文字和文学的基础打得牢牢的。叔外公的晋升，不只是依靠他灭寇击贼的胆略，更得益于他深厚的文学功底。他的诗文，为流辈所共同推许，风格闳丽而严谨，自成一家。朝廷的法典策令，大多出自他的手笔，朝野词林之中，没有不交相称赞的。”

听了母亲的话，清照和李迒不约而同地颔首称是。李迒又忍不住问道：“那么，叔外公能带我们进皇宫，见皇帝吗？”

“傻孩子，你姐姐两岁的时候，叔外公就因病去世了，年仅六十七岁。可惜我当时因为清照年纪太小，不能前去奔丧，至今都深觉有愧于叔父。”

“唉，叔外公死了，我们也不能进皇宫见皇帝了，真可惜。”

“你们的父亲不比叔外公更亲吗？如今他也在京师太学中为官，很快就会接我们到京中去呢。娘给你们说，谁不好好学习，完不成我布置的功课，到时候，我可不带他，就把他留在这明水老家！”

东房砖制龙首的屋脊又托起了一轮金黄的圆月，月光把石榴的树影逼真而细腻地画在洁白的窗纸上。李清照斜偎在床上，没有点烛，她手握刚刚默诵的《唐诗精选》，凝视着窗棂上月光的杰作，白纸墨色，浓淡相宜，思忖着如何用自己的手，绘制出这流水琴韵般的图画，憧憬着未来高贵荣华的京师生活，久久未能入眠。

## 乐游溪亭

日月飞渡，斗转星移。李清照在母亲的调教下一天天长大，转眼已出脱成一位亭亭玉立的名门少女。古时女子，十五上头，用簪束发，表示已经成年。

仲夏的一天，晴朗的天空一碧如洗，蔚蓝的色彩是那样均匀、澄澈而又神秘，偶尔有一队飞鸽从天空掠过，璀璨的阳光在蓝天、飞鸽和村庄中勾勒出深邃的层次感，令清照百思不得其解。她不知道，天到底有多高？又为什么呈现出如此可爱可掬的碧蓝？太阳到底有多远？是什么力量能让它永远地光芒四射，从不陨落？鸽子为什么总是结队飞翔，是什么缘故让它们从来不迷失方向，无论飞到哪里，山有多高，水有多长，总是能找到自己栖息的故乡？这种惊人的记忆，非凡的眼力，到底来自何方？……已经完成上头礼的李清照被大自然的博大和神秘所吸引，再也不愿整日厮守着寂静的闺房，她郑重其事地向母亲提出了出游的请求。

午饭时，李清照为母亲夹上三个水饺，满满地斟上一杯酒，也为弟弟夹上几样鸡块、鲜藕，睒着富于青春色彩的大眼睛开了言：“娘，今天日子好，又是弟弟的生日，女儿想到外面走一走。”

王氏今天特别高兴：“好吧，你想到哪里去？我一看你的眼神，就知道你又有了鬼点子。”显然她已经同意了李清照的要求。

“溪亭。”

“溪亭？你的腿可不短啊！可不能太贪玩，必须早去早回。”

“我也去！”李迒不容置疑地说。

“你这个尾巴！咱们全家都去。”

溪亭是一个游览的好去处。王氏带着两个孩子玩得非常痛快。李清照游兴极浓，征得母亲的同意，租了一条舴艋舟，沿着小河，箭一般向前划去，母亲和弟弟的身影渐渐同身后的山水隐在了一起。

贰

# 少女情思

# 初迁京华

元符元年（1098）的腊月，李清照随从母亲王氏，告别了眷恋的故乡，怀抱着美好的向往，向都城汴京进发。他们要在春节之前赶到京师，过一个团圆年，更要在上元佳节时，遍览京师的繁华风光，见识中原的风土民情。

李清照和母亲、弟弟一行，沿着与母亲河黄河基本平行的路线，经历城、长清、平阴、梁山、郓城、菏泽、兰考，来到了京都汴梁。一路饱览了黄河下游的冬日风光，在历城做了短期逗留，终于在大年之前，合家团聚，共度第一个在京师的团圆大年。

古人云，读万卷书，行万里路。这虽然不是写作的必要前提，但对于作家吸纳广博的文化养分，剥离地域的负面影响，攀上更高的创作台阶，无疑是非常重要的。

章丘地处山东，具有鲜明的齐鲁文化特征。汴京坐镇豫中，中原文化的气氛是非常深厚而浓烈的。加之，这是十世纪与十一世纪之交的国际大都市，国内各民族和域外各国的政治、经济、文化，都在这里融合、影响，生活在这样的环境中，对于增广李清照的生活积累，吸纳不同文化的养分，提高自己的政治嗅觉和审美判断，无疑具有难以估量的积极作用。

当然，踏进京都的大门，也意味着新的人生的开始，意味着新的理想的点燃。这其中，李格非的文风、性格、价值观念和官场沉浮，对李清照的影响又是最重要最深远的。

李格非刚刚入京时担任太学的学录。这时国家政坛已发生了翻天覆地的变化。年轻气盛极想有所作为的神宗皇帝英年早逝，继任大统的是十岁的哲宗，国家大权落在神宗的亲生母亲宣仁太后高氏手中。

熙宁、元丰间，高氏对新法就耿耿于怀，但对神宗无力左右，只好且由他去。现在自己掌权，便立刻任用保守派的司马光为相，把王安石的新法尽行废除。早已退居江宁的王安石，正当大病初愈，接连受到神宗病故和新法尽废的沉重打击，也于元祐元年（1086）四月含着无限的遗憾，丢下了积弊重重、政坛攘攘的大宋，走向西天的极乐世界。不久，全盘否定王安石的司马光，也跟着王安石到阴间神宗面前对质去了，但保守派的势力却在政坛上占据了要职，包括李格非崇拜的苏轼，也在元祐元年（1086）离开上任只五天的登州回到阙下，由起居舍人到中书舍人，再到翰林学士知制诰，直线攀升到起草朝廷文书的高位。一时毕仲游、黄庭坚、张耒、晁补之、秦观、陈师道皆在馆阁任职，才士毕集，词人尽会。苏轼作为欧阳修、王安石之后的文坛盟主已成定局。李格非也由太学录升为太学正，成为“苏门后四学士”之一。绍圣元年（1094）五月，李格非又被召为检讨。

他很不情愿担任这项政治性极强的工作。当时，打着革新派旗号的投机分子章惇、蔡京开始翻案，苏辙已在三月被罢，四月苏轼落知英州（今广东英德市），元丰免役法已诏诸路恢复，政治形势十分严峻。编类元祐群臣章疏及更改事条，就是把司马光一派在元祐时期的奏疏言论和对新法的更改免除事实进行分类整理，这是李格非极不情愿做的事情。由于自己的政治观点、人格追求以及同苏轼等人的私人关系，李格非不想卷入这场政治风波之中，这时的党争实际上已成为名副其实的派别斗争。当然，由此也可以从反面看出，李格非同保守派并非十分密切，否则，他不会被任为检讨之职。由于他违抗执政之意，所以被发落到广信军任通判之职。不过，没过多长时间，又被召回京城，任校书郎，旋迁著作佐郎。这是著作郎的副职，主要职掌国家日历的汇编，记述每一天发生的比较重要的事情，时间约在哲宗元符元年到三年（1098—1110），李清照就是在这种情况下进入了京师，并在经衢之西得到了一处居所，在这里度过了她婚前的难忘岁月。

# 闹市雅居

接风洗尘，安顿好住处后，李格非得空便向家人介绍都城开封的悠久历史和恢宏气度。

远在春秋时期，郑庄公命郑邴在这里首先筑城囤粮，取开土封疆之意，命名开封。战国之时，魏惠王果断地从山西安邑把首都迁到这里，称为大梁，从而揭开了在华北大平原的尖端位置建都的历史。到北周又因其濒临汴水和淮河水运要冲，改名汴州。五代时后梁、后晋、后汉、后周都以此为都，特别是周世宗柴荣，对开封进行大规模有计划分年度的扩建，沟通了黄河与淮河，奠定了开封大都市的地位。

到李清照进京师时，汴京的水陆交通已是四通八达。西有金水河，引京、索二水，穿皇宫汇于东面的五丈河，流入梁山泊；惠民河在城南缓缓流淌；汴河则由西向东，穿城而过，把黄河和淮河贯通起来。在这六大河之上，惠民河上的观桥、云骑桥，五丈河上的广备桥、蔡市桥，金水河上的白虎桥、横桥，汴河上的虹桥、州桥，各展异姿，争奇斗妍，使汴京平添了一道水国情调。特别是虹桥和州桥，更让人心旷神怡，神思飞动。

虹桥在城东七里的汴河之上，凌空飞架，不用桥柱，桥上彩绘醒目，犹如飞虹从天而降。州桥则正对皇宫大门，桥身低平，为了皇城的安全起见，桥柱全用青石，低而密，桥下仅可容小舟通行，桥上的护栏也都是石质，上面雕刻着各种鸟兽云海图案，宽阔的御街就从桥上通过，把皇宫大门和南薰门连接为一。

陆路西通长安，南抵湖广，东达齐鲁，北到燕云，以汴京为中心成辐射状向四面延伸。

汴京的城市布局分为三重。最外是外城，南北长而东西略窄，是一个长方形，每一方的正门都是双重直门，分别为南薰门、新郑门、新宋门、新封丘门，城墙周长五十华里一百六十五步。其余外城各门，都是瓮城三层屈曲开门，河道上都设有铁窗水门，可谓层层布防，戒备森严。

里城周长二十华里一百五十五步，四面共有十座城门，南面保康、朱雀、崇明，朱雀居中；东面丽景、望春；北面安远、景龙、天波，景龙为正；西面阊阖、宜秋。

里城正中便是大内，即皇宫，内中建筑都体现出对称整齐的设计思想，肃穆庄重，金碧辉煌，体现着皇家的尊严和法度。

皇家和贵族的花园如玉津园、芳林园、下松园、药朵园、奉灵园等等，不下百十处，寺、观、庵、庙，共有一百三十多处。其中最负盛名的是万岁山、相国寺、开宝寺、繁台寺、金明池、都亭驿等等。

李清照听了父亲的这些介绍，她的心早就长出翅膀，想一睹这些叹为观止的名胜古迹。父亲说："来日方长，我会抽空带你们去各处看看。咱们先准备大年，年后春暖花开，你们也可以让母亲带着慢慢欣赏。不过有一个先决条件，各自的功课做不好，那就对不起了。"一句话说得清照和李迒，既欢呼雀跃，又压力重重。

李家住在朱雀门外离太学不远的地方，在经衢西面一条不大的小巷之内，没有车马嘈杂人声鼎沸的喧闹，也非巷深地偏的孤独。这些年经过李格非的精心修缮，足以称得上是一方高雅安静的闲适住所。

这是一座典型的北方院落。大门朝南，迎门一方镶着大"福"字的砖砌影壁。北面三间正屋，中间是客厅，东边上首是李格非的卧室，李清照住在西首一间。西面是三间平房，靠南一间是厨房，靠北二间给了李迒和仆人赵星。南房两间是李格非的书房和库房，阶下翠竹竿竿，抚窗摸脊，是早年李格非亲手所植。北房和西房的中间有一个六角形的小门，门外有一个不大的园子，李格非在园中种了二松一桃一梨，又将报春、牡丹、海棠、菊花、凤仙等花草杂植其间。为了两个孩子的到来，还特地让人扎起一架秋千，横梁就架在两棵苍松之间，梁上绑着两条崭新的麻绳，绳的下端穿在寸半厚的柳木板的圆孔中，背后用枣木短棒牢牢固定，整个构思既灵巧自然，借用了活树之力，又安全可靠，不会产生危险或踏坏花木，真可谓用心良苦。

全家很快安顿了下来，李清照也把自己的居室布置得井井有条，第一个京中的大年便迈着大步兴高采烈地来到了。李迒再也按捺不住激动的心情，早就求着父母要过过看皇宫和皇帝的老瘾了。

李清照从一个玲珑的乡下小镇，来到人烟凑集、香山乐海的东京都市，就好像来到了另外一个世界，一切都感到新鲜，一切都感到好奇，有时真搞不清是自己对世界太陌生，还是世界对自己太疏远。一种真正走进都市的强烈欲望在心中油然而生。

## 御街上的喝彩

腊月二十四，东京人称之为“交年”，是祭灶神的时节。王氏带着李清照和李迒，由仆人赵星陪护，去浏览东京的市容。

他们先乘车来到了京都最繁华的宣德门。从宣德楼出里城的朱雀门直通外城的南薰门便是东京第一街——御街。御街宽约两百步，两旁就是御廊，廊下全是做买卖的店摊。御街上有两道砖石砌成的御沟，沟水中枯荷依然，傍岸的是桃李梨杏，可以让人想见春夏之时的锦绣风光。

宣德楼的左南侧是秘书省，右面东侧是二府八位，西侧是尚书省。接着是景灵东宫、西宫，大晟府、太常寺，隔御街相对的是一些店铺和大相国寺、都奏院等等。一座座建筑风格各异，雄伟宏大，给人一种庄严肃穆的感觉。

至于宣德楼内的皇宫，只能看见像宣德楼这样的门楼有五座，大门都是朱漆金钉，砖石砌起的墙壁上都镌镂着龙凤飞云的图案，雕甍画栋，峻桷层榱，琉璃瓦金光闪耀，朱栏槛流光溢彩，两旁的建筑都成对称之状，一眼看去就知道这是气度不凡的皇家派头。荷枪持戟全副武装的禁军纹丝不动地站在大门两侧。李迒想见皇帝的欲望早被吓到九霄云外，这时才意识到老百姓同皇帝是多么遥远。李清照所感受到的则全然不同，她为这些建筑的宏丽多姿而倾倒，更为凝重庄严的风格而肃然起敬，并在这种敬慕中积淀着一种民族文化的认同。

听说界身一带有许多瓦子，他们主仆四人便向那里走去。沿途看见酒店都装饰着彩楼欢门，招徕顾客，店内的茶饭量酒博士，忙碌穿梭，见人无论年纪大小一律称之为大伯。还有不少妇女，绾着高高的发髻，系着青花布腰带，为客人换沥斟酒，人们都称之为焌糟。更有些闲汉、厮波、剑客、撒暂，各务其业。所卖的食品非常丰富，鳜鱼、元鱼、沙鱼、紫苏鱼等各色鱼肉，肉胡饼、乳炊羊、蒸鸡、烤鹅、盘兔、炙獐、煎鹌、炒蟹、鹿脯，各种肉类食品应有尽有。银杏、栗子、鹅梨、胶枣、核桃、海红、石榴、查子、葡萄、橄榄、金橘、龙眼、荔枝、甘蔗、榛子、党梅、柿饼、瓜子、松子、花生等各色水果干果样样俱全。王氏拣稀罕的各样都买了一点，一是为过年打点，一是为了解这两个孩子的馋，让他们感受一下京师小零食的滋味和价格。

瓦子中更是五花八门，令人眼花缭乱。桑家瓦子、中瓦、里瓦等，一座接着一座。里面有各种名目的棚，最大的象棚，可容纳数千人。还有许多勾栏。瓦子本身就是一个世界，卖药的，算卦的，喝故衣的，理发的，修鞋的，三百六十行，行行俱在。天南海北的各种风味小吃，诸如野狐肉、鸡皮包、羊白肠、冻鱼头、批羊头、冷元子、水晶皂、水木瓜、荔枝膏、糖果子等等，或现吃现做，或者用梅红匣子贮装，每份不过十五文钱。还有各种各样的娱乐活动项目，诸如唱赚、说浑话、诸宫调、杂剧、令曲等诸般演唱歌舞，还有走索、爬竿、跳丸、吐火、吞刀、蹬缸、相扑、傀儡等各式百戏表演，以及斗鸡、耍猴、驯狗、调狮、弄象、斗虎等各色驯练禽兽的表演。观看每场表演的费用也只是十文到二十文不等。李迒见此，乐不自胜，真想一口气从头至尾看一遍，吃一遍，可李清照却感到这里太嘈杂，催促母亲改日再来。临行她到出售书画笔纸的地方选了几支小楷、中楷的湖笔和几方徽墨，让陪侍的赵星暗暗称奇。

众瓦子一带，毕竟是个热闹去处，这儿停停，那儿看看，时间已到过午时分。王氏领着大家，拣各自合口味的，品尝了几种风味小吃，便返回到御街之上，准备回家。御街两旁，过年的气氛也被渲染得格外浓烈，到处是人头攒动，到处是年货堆积。最显眼的是那些出售门神、钟馗、桃符、桃板的生意人。李清照一行便来到一家规模很大的杂货铺之中。

王氏要了三副门神，交给清照捆扎，李迒道："母亲，要这些干什么？怪可怕的。"

博学多才的李清照对弟弟的无知颇不以为然，便抓住时机，向弟弟普及一下民俗文化知识。她停止捆扎，指着门神上的图案对李迒说："迒弟，你有所不知。这上面的神像，一个是神荼，一个是郁垒，相传他们是两位火神，住在东海之中度朔山上大桃树的东北鬼门，专门惩治害人的鬼物。你看这上面不是画着桃树和两个火神的头吗？"李迒听了，点头称是。周围的人见这位少女如此博识，都用异样的目光注视着李清照。两位售货的相公不约而同地竖起大拇指，互相私语："这是谁家的小姐，美貌而博学，小小年纪，肚子里的墨水不减你我。”

他们又来到钟馗面前，李清照让母亲要了三幅唐式钟馗像，李迒说：“姐姐，这里明明摆着两种钟馗，何不每种各选一二，岂不有些变化？”

清照指着唐式钟馗说：“小弟，你看这幅唐式钟馗，穿着蓝色布衫，一只脚穿着大皮靴，一只眼失明，腰间插着一方笏板，须发怒张，左手捉着一个小鬼，右手的食指正在抠小鬼的眼珠，全身的愤怒都集中在这一个二拇指上，虽说是版印之物，却毕竟是唐代大画家吴道子的真传神韵。旁边那一幅则不然，虽说形貌极像，却是出自伪蜀黄筌之手。两幅钟馗的区别是，黄筌画的钟馗是用大拇指掐小鬼的眼睛，整个画面的气韵神志是不可同日而语的。”

李清照说这番话时，声音非常平和，好像一个小老师给学生讲课一样，谆谆诱导，文雅有趣。在场的人都屏息静气听她讲话，紧接着便是一阵喝彩，随之而来的是一股小小的争购吴道子钟馗像的热浪。据说，后来，这浪潮影响了东京的整个年画市场，吴道子的钟馗告罄，连夜加印，黄筌的钟馗少人问津，只好削价出售。以后，便很少有人印刷黄筌的钟馗像了。

他们又来到桃符摊前，这里的桃符比较正规，样式也比较多，大抵每条桃符都是宽四五寸，长二三尺，桃符的上部画着神像、狻猊、白泽之类，下面左写郁垒、右写神荼，也有写春词或祝祷之语的。一位戴着石头镜店主模样的老头，和气而不无挑战性地眯着眼睛对李清照说："方才听小姐解说门神、钟馗，对小姐的学识非常钦佩。不知有关桃符的样式作用，小姐可否赐教一二？"王氏见状，知道京中之人学问高深莫测，便上前致歉："先生在上，小女不知高低，随便说说而已，她哪里知道什么桃符！"那位店主说："并非有意考问，只见令嫒如此聪慧博学，感到敬佩而好奇，想讨教而已，不必多虑，不必多虑。"李清照见状，小脸庞上立刻泛起红晕，上前道个万福，非常客气地说："小女子有眼不识泰山。有关桃符之事，只略知梗概，不当之处，还望赐教。你看你这店中的符板，大多不是桃木所制，如果尽用桃木，怕世上没有这么多的桃木，但于理却有悖于东海度朔山二火神住于蟠屈三千里的桃树之上的旧旨。从驱鬼镇妖的角度来看，恐怕郁垒神荼二神不肯在并非桃木的符板上就位。王荆公诗云：'爆竹声中一岁除，春风送暖入屠苏。千门万户曈曈日，总把新桃换旧符。'苏东坡也有'退闲拟学旧桃符'的诗句。相传伪蜀之时，每到除日，各宫门都挂桃符，上书'元亨利贞'四字。伪蜀主孟昶之子善于书札，便在本宫策勋府的桃符上写了'天垂余庆，地接长春'的偶句。也有人说是孟昶嫌别人写得不称意，自己书写了'新年纳余庆，嘉节号长春'的对句，不知老先生能否说清，最早写对联写桃符的到底是父还是子？"

话音未落，那位店主回答不出小清照的反问，便大声喝彩：“好，好！奇才，奇才！”并执意要把店中最好的真桃木桃符送给王氏三副。王夫人再三推辞，那店主坚决不收钱，最后只好折中，按一般桃符的价格支付，方才收了。李清照也好像是个小小的玉女财子，经此一番，这一家店铺的生意立刻火了起来，据说到腊月二十七，全部桃符就销售一空，弄得店主都没有留下自用的和必须送给伙计们的桃符，全被别人抢购一空了。

王夫人看见李清照走到哪里，哪里就成了舆论的中心，害怕惹出麻烦，便督促赵星，赶快雇了车子，径直回府来了。

回到府中，刚刚饮过一杯茶，跳动的心还没有平静下来，院子里忽然闯来一伙扮成钟馗灶神的人，不由分说，就在院中游转驱傩。王夫人还以为是李清照惹下的什么麻烦，正想发作。只见李格非吩咐赵星，让他拿上一百钱三升米打发来人。然后，告诉王氏母子：“这是京中的习俗，来的都是丐户，是乞钱米的，从腊月初一到二十四，都有这种活动，俗称跳灶王，也有人叫打夜胡，到咱们家已经来过两三回了，但愿这是最后一次。”

吃过晚饭，父母吩咐清照和李迒去照虚耗。姐弟俩用备好的高岭土泥，捏了十几个小灯窝，倒上油，把搓好的麻绳放入其中当捻子，一一放到门角、床下、面缸、米瓮、厕所中，点着灯，看着那灯火在冬风中跳跃着静静地燃烧。夜深时分，把纸印的灶神神像供在灶门上，再献上早已备好的糖果酒肉，并把酒糟涂抹在灶门上。李清照不解地问道：“父亲，为何抹酒糟于灶门之上？”王氏插话说：“还有我们的女秀才不知道的事体？这叫醉司命，就是让灶王爷多喝几杯，上天言好事，回府降吉祥吧。”

这一夜，王氏同李格非讲了很多有关李清照的话题。

## 教诲永志

李格非听了王氏的讲述，进一步了解到，李清照往日对诗文情有独钟，闻书声则眉展，诵名作则忘饥。今天在京中的表现又非同寻常，足见她的确是个有心人，读书不是浅尝辄止，而是能够准确理解，把握实质，而且记忆力很强，小脑瓜中已经记了不少东西。

五更时分，李格非已全无倦意。门角的灯盏不知何时已经熄灭，床下的却依然忠实地守候着自己的职责。虽然它如豆如珠，只有几寸的微光，可那股顽强劲颇让李格非心动。他点着了蜡烛，屋子里顿时亮了起来，看着身旁安详自若的妻子，想起昨夜世人对李清照的评价，不禁为自己有幸的人生感到极大的满足。

王氏也醒了。二人的话题又到了李清照身上。谈论之中，李格非不禁抚胸长叹："可惜清照是个女孩子呀！"王氏说："像我们这样的人家，女孩子也用不着凭针线刺绣易钱度日，既然孩子如此痴情，尽可让她在这一方面充分发展。将来找个像样的人家，既是持家所需，也不枉了我们的书香门第，不知你意下如何？"李格非说："这么多年，多亏了你精心调教，清照能有今日，你功不可没。往后，让她和迒儿一样接受正规的教育，女孩且当男孩教，反正这孩子懂事，多读了书也不会荒废女孩子的其他功课的。"

李格非说干就干，把自己书房中适宜李清照读的书籍，特别是汉唐名家的著作，一下子抽出十几本给清照，也给李迒平分一份。随后，又在街上书铺中，专门为清照姐弟各购置了十几本图书。一面让王氏执教，一面自己挤时间辅导，甚至棋盘前、茶桌边，都成了李格非辅导的好机会，这种见缝插针的紧张，有时让王氏都有点承受不了。

京师的春节是愉快而充实的。除夕时，全家人围在火炉边守岁。王氏把备好的各色年食放在几个大木盘中，让一家人各取所需，李迒感兴趣的是放爆竹，一会儿几个，一会儿几个，总也没个完。母亲想阻止他，李格非示意别让孩子不高兴。还是李清照有办法，她当着父母的面同李迒展开了诵诗背词比赛，一人一首，不准重复，五首之中，一字不误，方有权去燃放爆竹。如若出现错误，将功补过，再另诵五首，一无所误，方可抵消前误。接着再诵五首，诵对了，方可重新燃放。父母拍手称快，李迒也不甘示弱。不过，没过太长的时间，李迒燃放爆竹的节奏明显地放慢，而且越到后来越没有机会，最后终于把兴趣转移到别的项目上去了。

东京人的春节，热闹而漫长。政治调控下的民俗活动，热烈丰富而有条不紊。早在年前，开封府就在宣德楼前搭起了山棚。正月初一，御街两旁长长的东西两廊成了歌舞百戏和奇术异能大显身手的比赛场。击丸、蹴鞠、踏索、上竿、倒吃冷陶、吞食铁剑、药发傀儡、吐彩水、炼丹药、虫蚁、猴戏、沙书、乐器、讲史、杂剧，奇巧百端，眼花缭乱，林林总总十几里地之内，乐声嘈杂，每日如此，略无倦意。从初七开始，灯山便开始布置起来。上面画着各种神仙故事和民俗人情，“与民同乐”的金书大牌也高高竖起。最引人注目的是彩结的文殊、普贤，骑着狮子、白象，每尊佛的手指上都流出五股细水来，他们的手不停地摇动，用辘轳把水绞上灯山的极顶处，用木制的贮水器贮存起来，又定时地放水出来，于是手指上便出现了瀑布般的奇观。这一切都是自动完成的，着实让李清照激动不已。左右门上草把缚成的戏龙是又一道奇异的风景，两条龙分别从灯山横越御街走向宣德楼，足足有百余丈之长，上面插满了数万只灯烛，蜿蜒起伏，横空起舞。双龙的近旁竖起了两根长杆，有几十丈高，都用缯丝结扎着，吊着从天到地一长串百戏人物灯笼。与之相呼应的是楼上的两盏巨型灯球，它们的周长有一丈多，里面的蜡烛叫椽烛。这四个长杆灯和球灯，算是灯山灯海中的灯老大了。

皇帝登上宣德楼，在妃子们的倩笑软语和禁卫军的严密保卫下，观看专门为他搭建的乐棚中的各种表演，老百姓则围着露台与君同乐。乐到元宵又推出新的高潮。皇帝在五岳观、上德宫等地逐一巡幸，市民们便陆续到城外的玉津园、玉仙观、一丈佛、奉圣寺、望牛岗、剑客庙、金明池等地寻春。莺啼芳树，燕舞水榭，如茵的春草染绿了京师原野，青黛的春容装点起百里风峦。粉墙细柳迎风，与二八红装对舞；秋千丽人拭汗，与长空紫燕巧笑；曲水流觞，匆匆蜂蝶总逐归途香轮；倚陌行吟，纷纷柳絮时碰兰陵金樽，真可谓“垂髫之童，但习鼓舞，斑白之老，不识干戈”（宋·孟元老《东京梦华录》），一派歌舞升平。

李清照一面亲身感受京师的文化氛围，一面刻苦攻读，不断练笔，力求让自己在父母的精心培育下返青拔节，步入辉煌。

清明那天，李格非验看了李清照和李迒的习字，认真批阅了李清照最近的几首习作，感慨颇深。他列举大量事实，说明了写作技巧同思想感情的辩证关系，强调了积极实在的思想感情是文学作品灵魂的创作原则，要求李清照和李迒，一定要在写作中贯彻“诚著”的思想，做到思想积极，感情真挚，在思想感情的问题上，不迁就，更不矫情，一字一句都要从心窝子里往外掏。在这个基础之上，不断进行语言的锤炼和表现手法的创新，才能写出真正有价值的可能流传千古的传世之作。学习前代名家和当朝文坛巨子的作品，同样要学习他们的思想灵魂，把握他们的写作真谛，从文学作品与社会现实的关系上，从作家的思想感情与作品的表现形式上，看出名家名作成功的秘诀，切忌只注重语言的修饰，忘记思想的灵魂，切忌一味模仿，用自己的手替古人作文章，替别人填诗词，把自我消失在非我之中。这样写出来的作品，既不是自己的，也不是古人的，随风烟灭自然是必不可免的了。

父亲的教诲，在李清照的心海中，点亮了一盏永不熄灭的灯塔。它导引着李清照一生的创作道路，也保证了李清照在创作之初就站在高起点上，使她不同寻常的文学天赋在正确理论的指导下逐步走向成熟，走向辉煌。

# 相国寺初遇

四月初八，早已升到天界的神佛总不能忘怀自己在尘世降生的日子，也为在红尘之中想升入天国的佛徒留下了一个一年一度的盛会。大宋规模最大的相国寺也迎来了空前的狂欢。

李格非也暂时放弃公务的羁绊，满足李清照和李迒的多次请求，为同游相国寺，目睹浴佛盛事做着最后的准备。他一边指挥家人收拾行装，一边讲述相国寺的历史。

“相国寺本来是战国时期魏公子无忌的故宅旧址，这里的老百姓，至今把这一带还叫做信陵坊。现在汴河边的公子亭，就是本朝大中祥符年间从相国寺门前移去的。”

“战国时期就有了相国寺呀？相国寺的相国就是指信陵君吗?”李迒着急地插嘴问。

“你喜欢思考是好的，只是不要抢着说话。在自己家中还无所谓，在外人跟前却必须注意。遇到自己拿不准的事情，要一想、二听、三看，不要抢着发表意见，免得说错了让人小看。”

李格非又把话题转到相国寺上：“到了南北朝的北齐，天保六年（555），文宣帝高洋曾在这里建过一个寺院，叫做建国寺。当时佛教正风靡神州，战国时，佛教还没有传到我国本土，自然没有佛寺的建造了。到了唐朝初年，建国寺为战乱所毁，踪迹已经难觅了，这里成了歙州司马郑景的宅院。这时，有一个姓姚的湖湘人，出家成了高僧，法号慧云。他云游四海，来到梁苑。夜间下榻繁台，远眺汴河，感到这里有一股宝气直冲霄汉。天明后，便立刻到这个方位去寻查。结果发现是郑司马宅院西北的园中池沼。慧云和尚便来到池沼旁边，突然奇迹出现了。在池沼的层层涟漪中现出了天宫天府的影子，楼阁参差，珠璎合沓，门窗彩绘，逶迤千姿。慧云一见，忽然想起这种景象同《智严经》中所描绘的佛宫一模一样，于是决计在此建立梵宫。他到处化缘，积累了相当可观的资金，而郑司马也因病愿舍宅为寺，所以就买下这块地，并且铸成了一尊丈八高的弥勒佛像。后来在动工兴建的过程中，在郑司马的宅院中又发掘出了北齐天保六年（555）建寺的石碑，方才知道这里原来是建国寺的旧址，于是决计把新建的寺院仍然命名为建国寺。这时，刑部尚书王志愔奉命来到汴州，要求没有建成的寺院立即停建，铸成的佛像就近安置在附近的寺庙中。建国寺的兴建也不得不中途停工。慧云面对这样的打击，奔走呼号，他在弥勒佛像前焚香痛哭祈祷发愿说：‘你如果同这个地点有缘分，请你显出奇异的瑞兆，以便让众人醒悟，重振信心！’没过多时，佛像之上金色的光芒真的放射出来了，把天地照得一片金黄，满城的官民，都看得真真切切。有一个死不相信，当面诽谤神佛的人，两只眼睛立刻看不见东西了，另一个说坏话的人舌头肿成了一尺多长，远近几百里的人都来此焚香拜佛，施舍钱粮。王志愔立刻把这事回报给了唐睿宗。唐睿宗说，这情景同自己的梦境非常吻合，佛爷近日托梦于他，加上唐睿宗是由相王得到温王的让位而登上皇帝宝座的，所以就下令在此地建造相国寺。到相国寺建成之时，已是唐玄宗即位以后了，睿宗被尊为太上皇，相国寺的寺额就是由睿宗皇帝御笔题写的。”

“哇，原来是皇帝的御笔，怪不得看着气宇轩昂呢。”李迒插嘴道。

“你又在抢着说话。后来，相国寺在战乱中又受到破坏，唐睿宗亲笔题写的寺额也毁掉了。本朝太宗至道元年（995）重修大相国寺，由太宗皇帝重新题写了寺额，其笔法遒劲精密，通晓书法的人都啧啧称奇。”

“另外，如果有兴趣，可以在相国寺算算卦，据说，那里的卦还挺灵验呢。”王氏提出了另一个话题。

“呵，说起算卦，相国寺还有这样一个小故事呢。前五六年时，有个道人，常在相国寺中出售各类锦囊妙计，其中一个信封上写着‘赌钱不输方’。有一个年轻人沉迷于赌博，一见此方，如获至宝，出一千个钱买下了这个金点子。一路小跑着回到家中，关上门，只怕外人知道秘诀，不能独立不败之地。他小心翼翼地打开封袋，上面赫然写着四个大字：‘但止乞头。’搞得这个年轻人哭笑不得。”

大家听了，不约而同地会心笑了。

李格非又讲了一些有关相国寺的文物古迹的事情，一家人便兴味浓烈地朝相国寺进发。

这一天万里清和，熏风徐吹，细柳拂地，石榴初绽，雏燕学舞，黄莺偶闻求侣。相国寺中人山人海的热闹场面同一路上的旖旎风光形成鲜明的反差。似乎普天之下的僧尼道士都集中在相国寺中，京城之中的官民商旅男女老少也都空巷涌来，更有方圆百里内的信男信女，不辞劳苦来参加这一空前的盛会。

李清照一行来到供着释迦牟尼的大佛殿前，只见众僧环围佛殿，站成了一个大圆圈。住持把一个四尺多大的金盘放在佛殿正前，然后用一块极大的刺有龙凤草木图案的销金紫幔盖在上面，又摆上一个精制的小方桌，把经卷、香盘依次陈列在上，并在四角立上金频伽和磴道栏槛，再铺上锦绣毡褥。一切都布置得精巧奇绝庄重严肃。这时法螺吹起来，锣鼓敲起来，无数灯烛交相辉映，各色香花罗列于前，簇拥着一个二尺多高的佛子缓缓而来。那佛子外面装饰得金光闪闪，一只手指着青天，一只手指着大地，被放置在金盘之中。放好以后，众僧便举扬佛事，各种法器一起响动，千万张嘴在同声诵经，那声音真是惊天动地，让所有在场的人肃然起敬。这时，那佛子竟然在盘中举趾步行，走了七步，收住双脚，观看的人都愕然瞠目，惊讶不已。这时住持揭去紫幔，突然只见装饰着金宝的九条龙，在五光十色的光环中，从高空喷下香水，为佛子洗浴，浓郁的香气，沁人心脾。霎时间，盘中的香水注满了，九龙也不喷吐了。大德僧便拿着一把很长很长的金质长柄勺，舀上香水为佛子洗浴。洗完之后，观看的人便争先恐后地向大德僧祈求香水吸饮，以求庇护和福寿。

李清照平生第一次见到这样的场面，对其中的道理百思不得其解，她低声问母亲，母亲也说不出所以然。然而李迒似乎很深沉，丝毫没有发问的意思，大概他对这一切深信不疑吧。离开现场后，李清照便把这个问题提了出来："父亲，佛子是真的吗？他怎么会自己走动呢？既会走动为什么不自己洗浴呢？小龙真的为佛子喷香水吗？"

李格非说："这些关子实在有些蹊跷。就像我们明知道魔术师的把戏是假的，可是就是说不出个所以然来。还有那些药发傀儡的表演，一般人也道不出个子丑寅卯。不过，龙是中国特有的，释迦牟尼是外国来的，让龙给释迦牟尼洗浴，似不可通。如若这样，在天竺是谁在空中为佛子洗浴呢？我朝太祖皇帝幸相国寺时，就当面问过僧录赞宁，皇帝见了佛祖该不该下拜？僧录赞宁的回答耐人寻味：'现在佛不拜过去佛。'看来在中国，还是皇帝说了算呀！”

李格非又带着一家人去参观尚未见识的相国寺的十大镇寺之宝，并同家人一一解释这些文物的价值。李清照对这些雕塑、绘画、书法精品都一一过目，心领神会。特别是在吴道子的画和杨惠之的塑像前，她屏气肃立，仔细观摩。她知道，要留下传世之作，必须下常人难以想象的苦功。杨惠之和吴道子本来是画友，同师张僧繇笔迹。唯独吴道子名声大噪，于是杨惠之便焚弃笔砚，发奋专事雕塑，成为一时之冠，时人有“道子画，惠之塑，夺得僧繇神笔路”的谚语。李清照禁不住在吴画杨塑面前告诫自己：若想人上人，须下死功夫。

除了观摩前朝遗宝，李清照一行又欣赏了本朝的一些名胜。宋太祖开宝六年（973）重修的东塔院的普满塔，僧人中慧修的西塔院的广愿塔，曹翰从江南庐山东林寺载回的五百罗汉铸像，等等，都是他们重点考察的对象。

当然，李清照一家也不会放过逛相国寺市场的机会。相国寺中的民间交易，每月都有固定的日期，一般情况下每月开放五次，交易的内容五花八门，包罗万象。遇到浴佛盛会，自然门类和规模比平时更盛，谁愿意放弃赚钱的机会呢？

相国寺中的交易，已经约定俗成为一种习惯，不同的地点，往往形成不同特色的产品。例如大三门一带是飞禽奇兽的地盘，第二、三门一带都是蒲合、簟席、屏帏、鞍辔、弓箭之类的临时露天店铺，孟家道院一带是小食品，赵笔潘墨则占定两廊，这里还有尼姑出售自己制作的绣品，领抹、花朵、珠翠、头面、冠帽，资圣门一带则是书画玩好文物碑石，后廊一带是算命的、卜卦的、看相的，行香院一带是各种技艺表演。当然，各类交易也有杂处的情况。

李清照一行，特别关注的是笔墨书画，其余的只不过快速浏览而已。王氏没忘了为李清照选了几对珠花、首饰，李格非则兴致勃勃地走向赵笔潘墨，并兴趣盎然地讲起了有关的传闻故事。讲述之中，顺口问李迒："迒儿，知道欧阳修的那首《圣俞惠宣州笔戏书》吗？"李迒略加思索说："记得几句，恐怕记不全。'京师诸笔工，牌榜自称述。累累相国东……'咳咳，记不清了。"

"比若衣缝虱。"李清照提醒他。

"比若衣缝虱。或柔多虚尖，或硬不可屈。但能……装管榻，有表……曾无实。高价……"李迒结结巴巴，又记不起来了。

"'价高仍费钱，用不过数日。岂如宣城毫，耐久仍可乞。'价高，不是高价。"李清照补充强调着。

李格非倒没有批评李迒，只是说："迒儿，要多向你姐姐学习。这首诗虽不是名作，不在一定熟背的范围之内，但能背总比不能背要好。"

接着把话题又转到了潘谷墨上。

相传，一次潘谷去访问黄庭坚，黄庭坚拿出自己所珍藏的墨请潘谷鉴定。潘谷隔着锦囊捏了几下，便下断语说："这是李承宴的软剂。如今已经很不容易得到了。"他又接着捏，突然很惊奇地说："这是我二十年前所造之墨，现在精力不及从前，这样的墨无论如何也造不出来了。"取出这两方墨来验视，个个言中，乐得黄庭坚不断地赞赏，拿出家藏的陈酒，来款待潘谷老人。东坡先生有诗赞潘墨云："徂徕无老松，易水无良工。珍材取乐浪，妙手惟潘翁。鱼胞熟万杵，犀角盘双龙。"

李格非为李清照和李迒各选了几支中楷、小楷，也为自己买了几支大楷和特号，又购了两包潘墨，只是卖墨人已经不是潘谷老人，而是自称潘谷弟子的两个中年人，使得李清照惋惜不已。

买了笔墨，李清照一家便不约而同地走向书画碑帖文物市场。突然，前面两个年轻人当路打躬作揖："先生在上，一向身体可好？愚侄代家父向先生问好。"

李格非一看，是前几年在太学时的学生赵思诚，便连连回礼，并问："令尊大人可好？这位是……"

赵思诚非常恭敬地回答："托先生之福，家父一切安好。这是三弟明诚，他自幼喜欢碑帖文物，我们随便走走。"赵明诚连忙上前作揖，问好，李格非也很客气地还礼，互致问候，然后各自走开。

王氏问李格非：“这两个年轻人是谁？”

李格非随口回答：“大的是赵思诚。我在太学时，他是上舍生。小的是他的弟弟，过去没有见过面。这两位是吏部侍郎赵挺之的公子，赵侍郎是咱们山东诸城人，我与他来往虽不密切，但毕竟是同一方水土，人不亲土亲嘛。”

站在一旁的李清照，红润的脸上立刻泛起了桃花般的红晕，急速站到母亲的身后，但也没忘了瞥一眼这两位不速之客。当然，她绝不会料到，那位自幼喜欢碑帖文物的思诚三弟，将成为她生活中最最重要的异性，月下老人竟在这佛殿奇遇的一刹那，用红绳把他们二人连在了一起。

叁

# 才情毕露

## 名振汴京

来到京师之后，李清照的见闻一天天拓宽，读书一天天广博，知识一天天增多，见识一天天深刻，思维一天天活跃，写作的水平也一天天提高、攀升，正如春日里感受到阵阵春风、场场春雨的春田，显示出步步春生日日春长的盎然春意，奇异新鲜的思绪就像蓬勃拔尖的春草春禾，在李清照的心田中不断生长，优秀作品像春笛一样在文人圈中跳荡回旋，在东京城中引起了春雷般的惊喜和轰动。

首先被传播得沸沸扬扬的是《如梦令·常记溪亭日暮》，那激荡的胸怀，执着的追寻，飞动的形象，壮丽的画面，清新的风格和酣畅的节奏，令士大夫们赞不绝口。接着又一首《如梦令·昨夜雨疏风骤》，像清风掠过浩瀚的湖面，成了文人茶余饭后谈论的焦点。

《如梦令·昨夜雨疏风骤》的第一位读者是王氏。她为女儿的又一首佳作心花怒放，当夜便非常慎重地对李格非讲起这首新作。李格非反复咀嚼，颔首称是，虽然没有表现得手舞足蹈，也的确为女儿的才思聪敏而暗暗称奇，甚至觉得女儿的构思融材、炼意选词大有超越自己的势头，特别是那种细腻灵动的女儿情志，是自己无论如何也学不来的。

于是东京城的文人圈里便开始盛传这首《如梦令·昨夜雨疏风骤》。有的称赞“绿肥红瘦”的精工委曲，蕴藉含蓄；有的褒奖“知否”的叠句大有深意；有的推许人物对话灵巧而有情趣，表现出不同人物不同的审美感知和境界高下；有的褒扬这首小词结构的精密周到、感情的起伏变化；有的赞叹作者语言的纯正文雅千锤百炼。其最后结果是：“李格非家出了个绝代才女。”

也就在这时，李清照结识了晁补之这位异性忘年交。

晁补之，字无咎，号归来子，与李格非有同乡之谊。晁补之早年受到苏轼的褒奖和提携，为苏门四学士之一，官运和文风受苏轼影响相当明显。十七岁时，他随父亲晁端友生活在浙江新城，就近游览杭州，仿汉代枚乘写成《七述》，历数杭州的秀丽山川，送给当时的杭州通判苏轼，受到高度赞誉，名声大振，不久就以第一名的身份考中进士。李格非在太学任职时，晁补之同在太学，两人建立了深厚的友谊。其后的命运同李格非也大略相似。

正像当年苏轼赏识晁补之一样，晁补之对李清照非常器重，他认为这位小小女子将来在文坛上会取得令人震惊的成就。李格非、晁补之等人对李清照的培养和提携，表明并非所有的男性都抱有浓厚的性别歧视，他们采用的是以文衡人的标准，而不是以性衡文，也表明士大夫中的开明人士在思想意识深处，在呼唤女性文化素质的提高。这对于李清照是千载难逢的发展机遇，对于李清照发展自己的写作兴趣，坚定未来的创作道路，扩大自己在文坛上的影响，都产生了非常重要的推动作用。赵挺之和赵明诚也正是在这样的氛围中，才把李清照作为首选对象的。

## 诗名鹊起

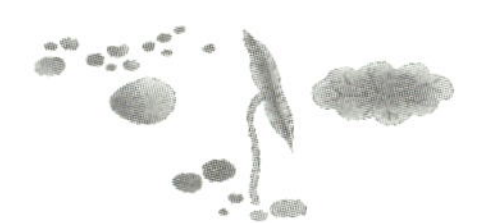

人世间的许多事情常常是喜悦与苦恼共生的。发现黄金矿床的难掩喜悦，总是同采金之险、夺金之仇、保金之虑、贪金之欲的种种烦恼相伴始终。阳光的明媚，总是与影子的昏暗同时并存，除非阳光没有照耀任何物体。

李清照词名鹊起，也引出了一串烦恼。其中最烦恼的是婚姻问题。不是发愁婚星不显，而是烦恼提婚的人太多，让李家常常进退两难，举棋不定。选择的余地太大时，往往让人消解了选择的决心。

婚姻的关键是两个方面，一是男女双方是否般配，一是双方家庭是否般配。这两种般配是一个共同的综合指标。男女双方的般配，在当时主要是年龄、容貌，对家庭来说，则是门当户对，其中在很大程度上同政治有难以分解的因缘。

当时的政局是这样的：哲宗先后执行不同的政治路线，与之相适应，必然实行不同的组织路线，一代朝官被卷进这一场政治漩涡中，把命运的纤绳交给皇帝和宗派领袖，便成为不可避免的事实。宋哲宗皇帝十岁登基，大小朝事一决于其祖母高太后。

高太后重用司马光等守旧派，将王安石变法的成果全盘否定。元祐八年（1093）九月，高太后病死，哲宗亲政，又一锤砸坏了他祖母的老班底，重用章惇、吕惠卿、曾布、蔡京等人。这些打着绍述熙宁、元丰旗号的所谓新党，早已没有了王安石及其新法的进取精神和高尚人格，而是大肆报复元祐党人。仅仅七八年的工夫，同他祖母一样，哲宗也丢下锦绣江山撒手人寰。

这时，神宗天子的皇后向氏便师承神宗之母高氏的衣钵，重新表演垂帘听政，新皇帝便是徽宗天子赵佶。

元符三年（1100）正月，当哲宗驾崩之时，向太后泪光莹莹，召集章惇、曾布、许将、蔡卞等重臣合议立君之事。

继位之事，在章惇看来，本来是没有商量必要的，有祖宗家法放在那儿，该立谁就立谁，为什么要把这事提起来议而后定呢？他自以为自己说话是有分量的，想抢先亮明观点，让大家确认。如果让向太后说出名讳来，恐怕就没有几个人敢逆旨发言了。他心里非常清楚，法不是至高无上的，因为法是人制定的，况且法是变化的，没有一成不变的法，所以，归根结底，是人在法之上。因此，他用法来证明自己说的合法："按照祖宗成法，应该让大行皇帝的同母弟简王来继承皇位。"章惇说得很严肃，甚至有些严厉，有不可更改的语气在其中隐含。

向太后一看风向不对，害怕群臣你一言我一语，乱了秩序，于是抢先亮出了底牌，因为大臣们一旦出口，改口就比较难了，中国人是很讲面子、讲信用，讲究一言既出、驷马难追的。于是她提前亮出了底牌："在神宗皇帝的各位皇子中，申王的年庚最大，可惜他的眼睛有点缺陷。再其次就应轮着端王继承大统了。"

章惇深知端王的为人，他最害怕的事情终于发生了。他想挽回成命，争取大臣们的支持，于是打着礼律的旗号坚持说："从年庚角度讲，显然申王为长，以礼依律则哲宗的同母弟简王当立。"

向太后有点怒形于色了，她非常庄重但并没有提高嗓音，一字一板地说："这几位王子，都是神宗的亲生骨血，本来不应该用刚才说的那种标准法度来认识问题。按次序排下来，是端王该立为皇帝。”

大臣们见向太后根本没有商量的意思，不过是想让谁当皇帝，就找些能证明他当皇帝的理由罢了，至于祖宗成法，是不必过分拘泥的，越是高级的大员重臣，越知道迎合主子。于是同知枢密院事曾布说：“章惇的意见只代表章大人自己，太后娘娘的圣谕才是最恰当的。”

尚书左丞蔡卞、中书门下侍郎许将陆续发言，表示：“我们都拥护向太后的意见。”

向太后又抬出再也无法张口说话的老皇帝来压众臣：“先帝曾经说过，端王有福有寿，而且相当仁义、孝敬，同其他各王不可同日而语。”

“先帝”二字的分量章惇最清楚不过，又有谁能证明先帝没说过这话呢？且曾布、蔡卞、许将都在跟着向太后跑，自己再坚持也没有用处，于是便沉默不语。

端王就这样登基做了皇帝（即宋徽宗），向太后暂且与皇帝一齐处理军国大事。一国之主的确立，就这么几句话便乾坤大定了。

四月，徽宗拔擢韩忠彦为尚书右仆射兼中书侍郎，礼部尚书李清臣为门下侍郎，翰林学士蒋之奇同知枢密院事。当月，下令为范纯仁等人复官，让苏轼等人迁入内地郡州居住，停止编类臣僚章疏。五月罢蔡卞，下诏追复文彦博、王珪、司马光、吕公著、吕大防、刘挚等三十三人的官职。一切迹象表明，新一轮党争又开始了。

这种政治局势对李格非来说，本来是好事一桩。李格非虽然同王珪、苏轼、司马光的联系不是十分紧密，但毕竟是属于同一战线，他与王珪的亲戚关系，与苏轼的师生关系，与司马光一派的政治关系是人所共知的，也曾因不愿参与编类元祐诸臣的奏疏而被贬到广信军任通判。加之，这时李格非刚刚担任了礼部员外郎。

这已经是一个相当重要的职务了。级别虽然不是很高，但接近皇帝，负责参领礼乐、祭祀、朝会、宴享、学校、贡举之事，属于尚书省礼部中的中层官员。宋制，礼部设官十人，尚书、侍郎各一人，郎中、员外郎四司各一人。品秩为从六品或正七品。王珪、司马光政治名誉的恢复，苏轼的内迁，都表明当时的政治气候对李格非是有利的。

韩忠彦这位实权派人物同李格非也有比较密切的关系，李清照后来在《上枢密韩公》诗序中说："有易安室者，父祖皆出韩公门下。"这首诗是写给韩肖胄的，曾在仁宗、英宗、神宗三朝为相的韩琦是他的曾祖，李清照的祖父曾受过韩琦的提携。韩忠彦是韩肖胄的祖父，对李格非也有过帮助。李清照承认这种师徒关系，从另一个侧面表明，李格非这时的官运是畅达的。

这一年的六月中，李格非曾到樊口为苏门四学士之一的张耒送行。

张耒人称“肥仙”，身材魁伟高大而丰腴，晁补之说他“张侯便然腹如鼓，雷为饥声汗如雨”，黄庭坚也说他“六月火云蒸肉山”。哲宗亲政时新派复起，他和苏轼遭到了同样的命运，被贬到湖北黄冈监酒税，后来又被贬到复州（今湖北天门）。从这一段记述来看，李格非是在六月十五日后，在樊口驾小舟为张耒送行，他们沿着巴水，经鄂城、黄石、武穴，到庐山游览。在这一过程中，张耒把自己的《题中兴颂碑后》给了李格非。李格非便将此诗带回了京城。

从哲宗到徽宗时的党争，在很大程度上与高太后、哲宗、向太后的沉浮生死有非常密切的关系，朝中名公重臣的起伏沉落随之出现。王安石、司马光、王珪、苏轼、李格非、张耒、赵挺之就是这一次潮涨潮落中的显赫人物。这种政治潮汐中的是非曲直，宦海况味，李格非深有体会，也常常在家中讲到这些政治风云，以及隐藏在其中的深刻原因。李清照对这一切常闻于耳，因此，她虽然身在闺阁之内，却无时不心系庙堂之上，对国家的命运、父亲的前途，以及由此联系的民族的盛衰、国家的兴亡、人民的苦乐、自身的安危怀有深深的忧虑。这种沉重的忧患意识已经在李清照青春的心田中深深地扎下了根。

回京的第三天早上，李格非把李清照叫到了书房之中。

“父亲，一路风尘，劳顿伤神，现在可曾精力复原？不知有何事呼唤女儿？女儿愿在父亲膝下尽孝尽劳。”

“清照，你不必拘礼。我从南方带回著名诗人张耒的新作《题中兴颂碑后》，你拿去仔细揣摩，虚心学习，有不懂的典故或者地理、历史问题，可翻阅有关的工具书，或者问我。”

“女儿谨领父教。我正想见识见识当代名家的大作。”

“张耒是我的朋友，我对他的创作态度和特点是比较了解的。他说：‘文章之于人，有满心而发，肆口而成，不待思虑而工，不待雕琢而丽者，皆天理之自然，而性情之至道也。’正是持有这种看法，他很瞧不起‘捐去文字常体，力为瑰奇险怪，务欲使人读之如见数千岁前科斗鸟迹’的作品，主张作品要让妇女童子听之而谕，明白条畅，能文不在于能奇。这些看法都是正确的。你敬重的晁补之先生就称赞张耒的诗歌‘君诗容易不着意，忽似春风开百花’。这首《题中兴颂碑后》就有这种特点，你可细心体味。”

李清照答应说：“父亲的教诲女儿记下了。还请父亲暂留片刻，待女儿快速浏览一下张先生的大作，诗中不解之处，还请父亲赐教。”

李清照快速看完张耒的诗作，提出了有关《中兴颂碑》、水部、太师、十丈摩崖等几个问题。李格非解释说：“唐代著名诗人元结是一位主动积极地反映社会重大事件和民生疾苦的作家。

唐肃宗上元二年（761），安史之乱尚未彻底肃清，但大局基本确定的时候，他就迅速反映这一社会重大事件，写了一篇《大唐中兴颂》。此文由著名书法家颜真卿书写，十年后的大历六年（771）六月刻在湖南祁阳浯溪的石崖之上，俗称摩崖碑。这块碑高一丈二尺，宽一丈二尺七寸，二十一行，行二十字，我在张耒处见到了碑的拓片。当时，颜真卿官抚州刺史。水部就是指元结，他担任过水部员外郎，太师则是指颜真卿，他曾被封为太子太师。至于《大唐中兴颂》的原文，你可自去查寻，也可以翻翻《资治通鉴》等书中的有关记载，详细了解当时的真实历史，以便准确理解。”

李清照告辞父亲，查阅了元结的原文，认真翻阅了《唐书·玄宗本纪》《唐书·肃宗本纪》以及《高力士传》《郭子仪传》《安禄山传》《史思明传》等有关传记，对郭子仪平息安史之乱的历史事实进行重新梳理。她的心情久久不能平静。以史鉴今，从父亲平日所讲的朝廷和官场的许多内幕中，看到了许多惊人的相似，预感到许多令人恐惧的结局，心绪如钱塘秋潮滚滚涌来，漫过她心灵的沙滩，盖过她理智的长堤，直溢到岸上来。于是她步张耒的原韵，一气写成了《浯溪中兴颂诗和张文潜》两首和诗。

李清照把这两首和诗送给父亲求教，李格非为女儿深刻的识见、大胆的挑战和丰富的历史知识而打心底里高兴。她能认清事物的本质，洞察封建宫廷和封建官场的险恶，对这个圈子中人与人的关系有比较透彻的认识。一个十七岁的闺阁女子，能有如此深刻的洞察力，不能不令人叹服。不久，这两首和诗便像长了翅膀一样在东京城中飞传，李清照的诗名又大大提高了。慕名前来提婚的人络绎不绝，这使李格非和王氏陷入另一种困惑。

## 词女之夫

又一个明丽的望日降临东京。礼部侍郎赵挺之的夫人郭氏吩咐管家，叫厨下增做二色腰子、紫苏鱼、酒蟹和三脆羹，因为她的宝贝小儿子赵明诚今天要回家吃饭。按大宋规矩，太学每逢朔、望休息，学生可以回家。郭氏共生了三个儿子，存诚、思诚和明诚。这仨儿子，都是一表人才，学富五车，一个比一个争气。老三明诚正在太学读书，学业颇佳，深受学官和同窗的敬重。

晚饭时，赵挺之也回到了家中。从表情上可以看出，赵挺之今天特别高兴，可能官场上又赢得了新的进展吧。吃罢饭，撤席上茶，一家人和和气气，有说有笑，其乐融融。郭氏看到这种气氛，便微笑着对丫环春娟、秋菊说："难得今天如此消闲，你们几个也沏上一壶洞庭碧螺春，轻松轻松，聊聊天去吧。"春娟、秋菊知道赵家要议论家政了，便应命喝茶闲谈去了。存诚、思诚的媳妇也都很知趣，带着孩子告别公婆，各自回房去了。

郭氏明亮的眼睛左右转了两个来回，然后慢声细气地说："今天大家都聚在一起了，机会难得，我们就商量一下明诚的婚事吧。前天，刘勤学来了，今天史御史又来过，都说等着回话。我只好暂且拖延，说再过两三天，给个准信。今天，咱们就商量商量，给人家个准信。"思诚郑重地说："三弟的事，还请父母费心定夺。"

这些日子，来赵挺之家说媒的也非常多。前前后后有五六家。郭氏一一热情接待，深表谢意，并随时把情况通报给赵挺之。赵挺之一面斟酌双方条件，一面拜托熟人暗地了解女方各家的出身、长相、为人处世及官声如何。

赵挺之盯着赵明诚说："虽说是父母之命、媒妁之言，我们做父母的，也很想听听你们兄弟的意见，特别是明诚，你也是二十岁的人啦，有什么想法，尽管说出来，这是你一辈子的大事，万万草率不得。"

赵明诚很有些不好意思。他深知父母之心，便客气地说：

“孩儿年纪尚小，正是读书上进求取功名之时。这事暂且放放，等我念出个出息的时候，再说不迟。”他稍微一顿，眼睛观察着每个人的表情，试探着说：“前几天，孩儿做了一个奇怪的梦，也不知道是什么意思，不知是否同此事有关？”

存诚说：“明诚，不是为兄批评你，父母正同你商量大事，你却漫无边际地讲起梦来，梦中之事，岂能当真？婚姻是终身大事，不可视作儿戏。”

郭氏插话说：“存诚，你也不要太过严谨。梦中之事，说不定有所暗示。明诚，你说来不妨。”

明诚得到母亲的支持，见其他人也不反对，便一本正经地讲起梦来：“那天中午，我睡午觉，梦见自己在诵读一本不知名的书。醒来之后，觉得很奇怪，诵读的什么，一时皆都忘了，只模模糊糊记得三句，是什么‘言与司合，安上已脱，芝芙草拔’。醒来百思不得其解，不知道这到底是什么意思？”

“什么言与司合，芝芙草拔，这种语无伦次的话，能有什么意思？”存诚仍然耿耿于怀。

大家都不约而同地把目光投向一直没发表意见的赵挺之。赵挺之说：“把那三句诗，不妨写出来，看个究竟。”

赵明诚应命去写，没几分钟，便拿来双手递给父亲。赵挺之一看，顺便引出一个话题：“碑看得多了，字写得倒是大有长进。不过千万不可痴迷于此。欧阳文忠公说：‘祸患常积于忽微，智勇多困于所溺。’金石之学，虽非歪门邪道，但也不是治国平天下的利器，只可学余、政余留意，不可喧宾夺主，本末倒置。”

赵明诚恭恭敬敬地回答：“孩儿谨记。”

赵挺之又把目光转向郭氏：“明诚的零花钱不可太无节制，生活上过得去也就是了。不然，是花钱买门票却进了左道旁门。”郭氏点头称是。赵挺之把那三句诗放在桌子上，沉思片刻，忽然眉头一舒，目光深沉地说：“明诚，你小子是在做梦，还是在有意识地编梦？”

“儿子是在做梦，千真万确。儿子不敢欺瞒父母兄长。”赵明诚有点不知所措了。

“存诚、思诚，见过你们的李格非先生吗？”赵挺之进一步追问。

“一年多前，在相国寺匆匆见过一面，他正带着全家逛相国寺。”思诚回答。

“当时，明诚在不在？”

“在，不过他不认识李先生。”

赵挺之不再追问，而是郑重其事地说：“从诗的内容看，倒是颇有些意思，这是一首拆字法合成的偈语。‘言’与‘司’合，合起来是个‘词’字；‘安’上已脱，‘安’字脱掉上边的部首是个‘女’字；‘芝芙草拔’，把‘芝’和‘芙’字的草头去掉，便是‘之夫’二字。这三句诗合起来便是‘词女之夫’之意，如若正应此梦，咱们家怕是要娶一位曹大家第二了。”

“你说的是李先生的女儿李清照吗？”思诚和存诚不约而同地问。

郭氏兴奋地说：“近日都下盛传李清照的几首诗词作品，手笔的确不凡。如果能成就了这门亲事，倒是大喜特喜。”

只有赵明诚不表态，低着头不说话。不过，这个名字，他最近也特别熟悉，因为太学中的同窗已经把李清照炒得极火，只是他从来没有把这事同自己的梦境联系起来。现在听父亲这样一分析，恍然大悟之时，先是对父亲的学识更加佩服，接着便想到自己的未来，一身轻汗早把后心脊背都浸湿了。

赵挺之没有立刻发表意见，只是叮嘱全家：“今天的谈话内容，绝不可外传。只能我们五个人知道，绝不准再让第六个人知道。明诚，你以前没跟别人讲过这个梦吧？”

“没有。”赵明诚回答得非常坚定。

这天晚上，赵明诚和赵挺之都经历了一个不眠之夜。夜静极了，唯有不知名的昆虫在互相对唱着自己的心曲，吟颂着星月为它们营造的安全和恬适。太阳太耀眼，把一切光彩和形体都真真切切地翻露出来，所以，它们恐惧，便拒绝与白天合作，躲在草丛荆棘中消磨光阴。没有什么比夜更温柔更美丽更富于诗情画意。田野、城市、树木、房舍，在明月的清辉下只显出轮廓的清晰，却不是那种一览无余的清晰，这种朦胧的美给人以无限的想象余地。星星是最忠实的，它是那样坚定地恪守着自己的信念，站定宇宙的位置，从不改变，并将个别朝三暮四者谪为流星和碎石。没有哪一种光能够同月光媲美，它不嫉妒星星，也不独霸太空，为了调节天空的秩序和均衡，宁可使自己不断地由亏变盈，再由盈变亏。

望着清辉映得透亮的窗纸，赵明诚就像憧憬月宫一样憧憬着未来的生活。相国寺邂逅对他来说完全是意外的、偶然的、无意识的。但那一瞬间男性的本能已使他注意到了面前这位素不相识的少女，她那亭亭玉立的身姿，单薄的粉色上衣所衬托的尚未充分发育的胸肌，圆润细长的脖颈，乌黑的亮发反衬着的青春、洁白、亮丽、轮廓清秀的脸庞，还有那双灵动清澈、蕴蓄着高雅气质和清醒思维的眼睛，都令他摄影般快速地铸成了自己永久的记忆。如若能同这样的女子相伴相依，那才真的称得上不枉此生，自己的事业、功名、家庭，都会因她的存在而变得灿烂无比。

赵挺之虽然也憧憬未来，但更多的是矛盾和叩问，一串串心中的疑问，如同写在窗纸上的光影交织的斑驳树影。难道命运真的存在于冥冥之中吗？难道现在提婚的这么多官宦之家，竟没有一家同赵门有缘，非要让赵家去托媒到李家求婚吗？这步棋真的走出去，会不会有上级对下级的逼勒之嫌呢？会不会有失自己的身份和体面呢？更令他犹豫的是，李格非是苏门后四学士之一，虽说同自己是同乡，又在太学共过事，现在又同是礼部的上下级官员，但自己毕竟同苏轼一派持不同政见，而且同其中的个别主要人物结怨较深，一旦结为亲家，会不会为未来的生活道路留下严重隐患呢？孩子们的婚事是终身大事，能不能因为父辈的政见不同而拒绝后辈的美满姻缘呢？……

## 长夜论婚

赵挺之思忖再三，几天后同郭氏商量此事。郭氏是山东东平人，也是名门出身。她的父亲郭槩，据《清波杂志》卷八记载，“法家者流，遍历诸路提点刑狱”。郭氏颇有点乃父的法家风度，处理事情机敏果断，胆大干练，该说就说。

她提出了自己的看法：“政治派别是为朝廷之事而争，儿女婚姻是为自家过日子，目的各不相同，你同李格非员外郎，从来没有红过脸，他也并非苏轼的死党，说不定结为亲家，还可以互相帮衬。朝廷的事情，哪有个准？一会儿刮东风，一会儿又刮西风，你能保定自己永远顺利吗？留一条后路没坏处。况且，两家都是山东老乡，风俗习惯比较相近，家里的事情也好协调。我看可以把这事提起来，放个风，看看对方的态度。”

“夫人，我们可不能没了自己的体面，哪有男家向女家先提婚的?”赵挺之立刻提醒郭氏。

郭氏很自信地说：“只要你开口，一切由我去操办，我还能让你在别人面前抬不起头来？只要李家不反对，包管让他半个月之内把草帖子送过来。”宋代议婚，首先要请媒人以草帖子通于男家，男家以草帖子回给女方。女家也要占卜。双方都是吉卦，再通细帖子，叙三代官品、职位、名讳，结婚人的出生年、月、日和时辰，甚至何人主婚，女方的房奁、首饰、金银、珠翠、宝器、帐幔、随嫁田产等都要写明。

三天之后，一个同李格非关系相当深厚的官员来到了李格非家，说要为李清照觅一门好亲事。李格非不在家，王氏自然是来者不拒，热情地接待了这位好心的月老。

草帖子果然很快送到了赵挺之家中。郭氏盛情款待了这位老朋友，并很快把草帖子返到了李格非家。

下弦月静静地挂在花园的松尖上，仍然执着地用它无私而残缺的心抚慰着人间的山水城乡，万物生灵，给它们以光明，以希望，不至于在漆黑的夜里苦度时光。它告诉人们，月仍然亮，星仍然闪，虽然天上有云彩，却不至于是阴雨连绵，也不会是雷霆震怒。

李格非同王氏在绞尽脑汁分析面前这桩婚姻难题。

“赵侍郎是山东何处人氏？你对他是否非常了解？婚姻之事，女家同男家是不一样的，对男家来说，只要媳妇好，其他的都不十分要紧，只不过是一门亲戚而已。女方可就不同了，她要和家中的每个成员打交道，要在这个家过一辈子，生儿育女，所以一定要打听得非常仔细才行。”

“我可给你简单说一说。赵侍郎，名挺之，字正夫，是咱们山东密州人，就是苏轼先生曾经任太守的那个地方。倒也是官宦出身，他父亲赵元卿曾在北京（大名）为官。礼部的同事、下级讲了侍郎不少富有传奇色彩的故事。说赵挺之小时候，跟着他父亲在北京任上，得了痢疾病，很长时间，百方用遍，就是治不好，结果一命夭折。全家人痛哭不已，正要收殓之际，突然来了一个从京师来的邮差，送来一封信。拆开信封一看，里面没有信，只有一个药方。全家人都以为是神灵所助，马上合了药，掰开他的嘴把药灌了下去，结果，过了一会，赵挺之竟然苏醒过来了，并且痢疾也好了。”

“大难不死，必有后福。怪不得如今坐到侍郎的位置上去了。”王氏感到的确好奇。

“据说他父亲不相信什么神灵，专门派人到京城的邸吏那儿打听此事。结果是邸吏家的一个孩子也得了痢疾，买了药准备服用，结果把药方误投到邮筒中去了。还听人说，赵挺之有一次出使金国，当时特别寒冷，在大殿之上，金主忽然看着赵挺之的耳朵，吃惊地指示手下的侍卫去拿药。一会儿，拿来一个玉石的小盒子，里面装着纯黄色的药膏。金主命侍卫把药膏涂在赵挺之的两个耳朵周围，赵挺之感到非常热，就像火烧一样。待接见完毕，主管接待我朝使臣的官员告诉赵挺之：‘大使的耳朵如果用药再迟一下，就会冻烂，甚至整个耳朵掉下来而不流血，因为我主从你耳朵的颜色上已经看到这一点了。’赵挺之非常感谢，并询问盒中装的是什么药，那个官员说：‘这种药市面上就有卖的，价格非常贵。我们在极寒时早朝，都在耳朵上涂一层。吏卒们用的就次一些，是用狐狸的尿调治的，效果还可以。’我们礼部中有人当面问过他这件事，赵侍郎并不否认，只是细节略有出入。”

“这些离奇的故事就别多讲了，我是想听听他的人品怎么样？官声好不好？这对我们才是更重要的呢。”

“说起他的官声，倒是没说的。赵侍郎有才能，有魄力，见事快，有见识，也挺正直。听说他在德州当通判时，发生了军卒哗变。哲宗皇帝刚即位时赐给士卒缗钱，可是那个贪婪的太守慢慢腾腾，拖拖拉拉，就是不发放。士卒们一怒之下拿着棍棒冲进了衙门。太守和手下的官员都四散逃窜，唯独赵挺之端坐在大堂之上。他镇定自若地询问闹事的人是怎么回事，并且立刻开库发放了缗钱，却对带头闹事的人进行了严厉的处罚，化解了一次哗变事件。当时，那一带黄河屡次决口，有的官员要把宋城县迁到别处去，转运使派赵挺之去考察此事。赵挺之考察以后不同意迁县，他说：'这个县城在原地已有千余年了，黄河从来没有淹过它，要迁的这个地方还不如现在的地址好。'但是主管的人坚持要迁，结果只待了两年，黄河决口，把新城全淹了，国家和城中的居民遭受了难以估量的损失。"

"听你这么说，赵侍郎很能干，官声也好。那你还犹豫什么呢？是不是怕别人议论我们，说你巴结上司，把女儿献给人家了？"

"夫人有所不知，这里面的确有难言之隐啊。"

"有何难言之隐，你就竹筒里倒豆子，毫无保留地讲出来，我也好跟你参谋参谋。"王氏挺直了身子，警觉的目光突然亮起来，"这是清照的终身大事，我们必须对孩子负责，我们就这一个女儿，又不是嫁不出去，可不能随便推出去完事，我们得为她的一生着想。"

"是啊，我们应该为孩子的一生负责。常言道，早知三日事，富贵一千年。未来的事情，有谁能说得清呢？在我们连自己的事情都难以把握的时候，又有谁能保住儿女们的前程呢？"

"你指的是党争吗？你和赵侍郎不是没有什么摩擦吗？他不是对你挺关照挺友好的吗？"

"这倒也不假。就私交而言，我们之间说不上厚，也说不上薄，彼此客客气气，也没闹过什么矛盾。不过此事说来话长，我们毕竟不是同一种政见啊。”

李格非呷了几口茶，望着夫人期待的目光，讲起了赵挺之同苏轼、黄庭坚等人的恩恩怨怨。

“说实在的，赵挺之是王荆公变法的积极拥护者。元丰末年，他在担任德州通判的时候，就竭力推行新法。当时黄庭坚正监着德州德安镇。赵挺之通过提举官杨景棻，要求在德安镇推行‘市易法’，黄庭坚以镇小民贫、不堪诛求为由坚决反对，并非常肯定地说：‘若行市易法，必致星散。’于是和赵挺之公文来往，在官场中制造了不少的新闻。没过多久，赵挺之被召试馆职，这当然是个极好的提拔的良机，苏轼却说：‘赵挺之是个聚敛财富的小人，学问和德行都没有可取之处，岂能担当这样的重任！’当时，神宗去世，哲宗刚刚登基，高太后当政。苏轼从登州回京，担任起居舍人，并很快升迁为中书舍人、翰林学士、知制诰，充任侍读，说话的影响力是相当大的。由此苏、赵结怨，并且越结越深。

“这以后，赵挺之成为监察御史，便劾奏苏轼在起草诏书时诽谤先帝神宗。又说苏轼的学说其实就是《战国策》的纵横揣摩之说，学士院策试馆职，苏轼的学生廖正一，竟然在策试时以王莽、袁绍、董卓、曹操篡汉之术为题来问考生。由此观之，如果让苏轼掌握更大的权力，将会无所不为。再加上苏轼同司马光不和，所以苏轼不得不请求外任，到杭州去任太守。没过多久，高太后因为蔡确是王安石的门人，执意要把他贬到荆棘丛生的边远之地新州，范纯仁、刘挚等大臣联名说情都无济于事。尚未到杭州上任的苏轼，便秘密上疏说：‘朝廷如果看轻蔡确的罪过，那么对高太后的仁政会产生小小的损害。看来，最好的办法是皇帝降诏严惩蔡确，再由高太后特加宽贷，就可以达到仁孝两全的效果。’这次打击，受到牵连的有七十余人，赵挺之就是其中的一个。

“他们的关系简直到了势不两立的地步，而且派别观念越来越浓厚，甚至到了人身攻击的境地。元祐元年，黄庭坚为检讨，与赵挺之是同僚。有一天大家在一起吃饭，黄庭坚提出做行令，要每个人说出五个字，前四个字依次搭配起来就是第五个字。赵挺之说：‘禾女委鬼魏’。话音未落，黄庭坚便脱口应说：‘来力勅正整。’大家哄堂大笑，赵挺之的血一下子由脖子涌到了脑门子上，下不了台。因为赵挺之是山东人，爱吃蒸饼，每当庖厨问他做什么饭时，他常说‘来日吃蒸饼’，这就被爱吃大米的江西人黄庭坚很瞧不起。

“不要说是苏轼的学生弟子，就是非师生关系的一些人，也同赵挺之势不两立。比如说陈师道吧，虽然受过苏轼的荐举，却不是他的学生，对黄庭坚的诗情有独钟。王安石执政时，朝廷用王安石的经义取士，陈师道宁可做布衣，都不去参加考试。

章惇执政时，曾托秦观传话，表示只要陈师道到章家拜见一下，就打算提拔他，但陈师道就是不登章家的门槛。他同赵挺之本来是连襟关系，但是根本不和赵挺之说话，比仇人还仇，比冤家还冤，弄得姊妹们的关系也很不好处……”

李格非不再说什么，两眼望着窗户上的月光，似乎要望穿窗纸，望穿天空，望到宇宙之外去一般，陷入深深的沉思之中。

王氏也长叹一声，无可奈何地说：“清照的年纪在女孩子中就算不小了，一般人家的女儿，差不多都出嫁了。这些日子，来提亲的又这么多，我们本来可以择一家了结了这桩心思，谁料想这事又这样难呢！”

李格非压低声音说：“清照的诗名词名，使她的身价倍增。来提亲的，不是尚书，就是侍郎，要么就是侍读、翰林。说实在的，我让你们进京，首先是为了结束两地分居，完成多年来的团聚愿望，但是，更主要的是考虑到迒儿的读书和清照的婚姻。选个没官没品的吧，怕孩子布衣蔬食，受不了那份艰难，也怕别人耻笑。选个门当户对的吧，不是站在这个党，就是站在那个派。几十年官场风云，我也想过很多。掏良心说，新法并非一无是处，反对新法的也并非十全十美。大家都是为皇帝做事，为什么非要斗个你死我活呢？从神宗以来，一会儿向着李，一会儿向着张，就像刮风一样，没个准儿。我有时觉得，所有的王公阁僚大小官员，都只不过是皇帝和太后棋盘上的不同子力的棋子，让你冲你就得冲，让你退你就得退，让你死你就得死，让你活你才能活下来，大家都是身不自主呀！谁能定住谁呢？关键是要选个如意的女婿。”

“说的也是。家庭都可以，现在提婚的这些，没有一家差的。关键是女婿，这才是同清照一辈子解不开的呢。不知这赵明诚是不是块成器的料子？那天在相国寺，没有注意看，只瞥了一眼，好像模样挺清秀，文文雅雅，不是那种浪荡子弟。”

李格非说：“他的兄长存诚和思诚都是我的学生，作风挺正派，学业也刻苦，成绩也是拔尖的。这可能与家庭教育有关，估计这个老三也不会太差吧。听说他非常喜欢收集金石文物，浪荡子弟是不会专心于这个行道的。在京城中的文物圈内，这孩子已经小有名气，这虽然得之于他父亲的名声，不过他自己的痴心也是很重要的。”

赵明诚从小就喜欢金石文物，在十七八岁时，已经有了部分收藏，且有名声传出，否则不会有人专门告诉他何地有文物，也没有人愿把仅有的两个摹本分一个给他。陈无己就是陈师道，即赵明诚的姨父，他同赵挺之形同水火，却同赵明诚关系不错，这一点李格非是清楚的。

夜深了，下弦月已经移到了山的那一边。李格非房中的烛光也灭了，霎时间，天地同时融入一片黑暗之中，正在这时，一个基本成熟的结论，在李格非和王氏的思想中同时形成了。

## 梦幻相亲

经过反复权衡对比，李格非和王氏还是认可了赵挺之家的这门亲事。细帖子回到了赵府之中。

没过多久，两家互换了细帖子。细帖子一换，这桩亲事也就算确定了。在这一过程中李清照既不主动，也不被动。她不能自主自己的婚姻和未来生活道路，也不是让父母牵着自己的鼻子走。李格非和王氏总是适时地把婚姻的进程、对方的各种情况告诉李清照，清照对这桩婚事是满意的、向往的、充满激情的。

宋代的婚俗是可以相亲的，这无疑对充满神秘感的男女双方提供了一个绝佳的机会。

根据孟元老《东京梦华录》卷五“娶妇”的记载，相媳妇的时候，是男方的亲人到女方家去，如果相中了，就把钗子插在帽子上；如果不满意，要留下一两块绸缎，为女方压惊。

李、赵两家都相当开明，每个人特别是李清照和赵明诚，都想看一眼未来的伴侣到底是什么模样，加之郭氏是一位精明干练甚至有点泼辣强悍的女性，所以双方都选择了相媳妇。为了相出真相，不为假象所遮掩，郭氏让媒人传话说："明诚在太学，不知是否能请下假，我们试着请吧，反正在这半个月之内做了这件大事。亲家也不必拘礼，不要准备什么宴席，双方尽量随便些。"

李清照对此颇不满意，敦促母亲不要应允这样的方式："这实际上是把权利交给了男方，我们反而被动了。什么时候来，全由着他们，他们自然是有备而来。而我们家却是无法准备。你准备好吧，他偏偏不来；你不准备吧，可他偏偏来了。教我们备也不是，不备也不是。要多累，有多累。还是让他说个确定的日子。"

王氏笑了笑，颇有点不以为然，又显得很自信地说："还是我女儿跟我挨得近，还没过门，就跟婆婆较上劲了。我女儿又不缺胳膊少腿，难道还怕他相亲不成？咱们干脆就来个以不变应万变，天天不准备，让他们看个真真切切，踏踏实实。"

第二天早上，李清照独自一人步入花园之中，她想整理一下自己的思绪，可一时却怎么也理不出个头绪，许许多多正常的、偶然的、矛盾的甚至怪异的、荒诞的念头，毫无次序地在她的头脑中突然间蹿出很高，又霎时淹没了。她从来没有这样混乱过，迷惘过。

这时，突然有一队客人冷不防走进了院中，两个中年人，一男一女，一胖一瘦，后面跟着一个英俊的青年，凭直觉，李清照意识到这一队陌生人就是相亲的人！

王氏有点措手不及，她万万没想到，赵家会在打招呼后的第二天来“偷袭”。好在家中的菜肴美酒是常备的，立刻吩咐厨下设宴招待贵客。她看见未来的女婿英俊潇洒、谈吐大方，显得相当成熟，心中非常喜欢。李清照更衣洗脸，重新梳妆，出来见过未来的婆婆。郭氏一看李清照体态优美轻盈，气质高雅文静，眉含春山，脸比夏荷，举手投足间掩不住无限风流。心想，老天爷是怎么造就出这般绝代佳人，虽说她见过的美女子不计其数，可面前的这个女孩儿确确实实百里挑一，想挑毛病也挑不出来。

双方皆大欢喜，一切礼仪进行得顺利而富于诗情。梦幻般的相亲结束了，留在心中的是终生的记忆。入夜，李清照的一首《点绛唇》悄悄地诞生。只是这一次她没有拿给父母指点批评，她有了自己的心灵秘密，默默地期待着婚礼的来临。

肆

# 结缡之初

## 美满新婚

宋徽宗建中靖国元年（1101），十八岁的李清照嫁给了长自己三岁的太学生赵明诚。当时，赵挺之已调任吏部侍郎。吏部是管理官员的部门，同礼部名为平级，而实际权力自是另当别论。李格非依然任礼部员外郎，赵李两家可谓门当户对。两位新人更是情投意合，年貌相当，是天造地设的美满姻缘。赵、李两家，按照当时的婚俗习惯，为两位新人进行了隆重热烈、阔绰高雅的婚礼。

婚礼前一天，赵家遣人送来了时尚的催妆礼，李家回赠了上好的棠棣、花幞头，李家随即到赵家挂帐，铺设新房。大大的红双喜贴在墙上，红红的帐子挂在床周，五彩的绣球垂在银钩，厚厚的棉褥铺在床上，上面叠铺着洁白的羊毛毡子，最上面是龙凤图案的红色床单，棉被的被面自然是绸缎质地，图案一床是祥龙瑞凤，一床是鸳鸯戏水，赵家人则待之以茶酒利是。

迎娶当天，赵明诚带着鼓吹，骑着红马来到李家。李家院子里，参加婚礼的人们忙碌着，谈论着。催妆的鼓乐如同澎湃的潮声回荡在院落之中，盛装穿戴精细打扮的李清照，心里像揣了十八只小兔子，噗噗乱跳。即将上轿车的当儿，几十个老老少少、男男女女，吵着闹着讨要利是，赵明诚自然早有准备，把钱物、花红一下撒了半个院子，那些人争抢捡拾之际，车轿终于起步了。

到了赵家门首，又是一番“拦门”，好不热闹。下轿车之后，一个阴阳人手里捧着木质的斗儿，斗内盛满了谷豆钱果草节之类，一边念着祝语，一边将斗内的物事望门抛撒，惹得小孩们竟相争抢。李清照踩在长长的毡席上，前面一个人手捧铜镜倒行，带着李清照跨鞍、蓦草、迈秤，方才进入悬着帐子的房间，“坐虚帐”之后，进入新房，规规矩矩地端坐在床上，这叫做“坐富贵”。

院子里先让送亲的人饮酒吃饭，然后众客就宴。三杯之后，在中堂里放上一张床，床上放着一把椅子，赵明诚穿着礼服，头上簪着花胜，坐在椅子上，这叫做“高坐”。然后，先向媒人敬酒，再敬舅舅舅妈、姑姑姑父、姨姨姨父等等。然后“牵巾”，赵明诚毕恭毕敬地请出李清照，用赵、李两家各自出的彩缎绾成一个同心结，赵明诚挂在笏板上，李清照搭在手臂上，赵明诚倒着走，李清照面对赵明诚，走到家庙恭恭敬敬地祭拜祖先。结束后，李清照倒着行走，赵明诚面对李清照，回到新房，李清照向着左方，赵明诚向着右方，正襟危坐，对拜。这时男男女女争先恐后地进入新房，妇女们用金钱彩果撒在床上，这叫做“撒帐”。然后用彩绸把两个酒杯连接起来，赵明诚和李清照互饮一杯。饮完“交杯酒”，把两个酒杯一仰一合，扣在一起，这叫做“大吉”。这之后是参谢诸亲，再重新就座饮酒。

第二天，先“新妇拜堂”，再“赏贺”，拜尊长、亲戚，然后回李清照家，当时叫“拜门”。

这场婚礼，李清照前前后后忙忙碌碌了大半个月，虽说完成了人生的一件大事，找到了可敬可爱的终身伴侣，品尝了新婚燕尔的幸福甜蜜，也使得李清照身心俱疲，因为她从心底里不喜欢这些繁文缛节，却又不得不毕恭毕敬，任人摆布，感到人生有时真的非常无奈，身不由己。

赵家的宅院，同李家相距不很远，也是赵挺之入京不久租赁来的，规模比李家的要大些，人口也比较多。赵明诚当时尚在太学读书。结婚之后，便住在家中，早出晚归，或步行，或搭车。李清照在家中或读书写作，或做点象征性的针织活儿，日子过得清闲舒服，甜甜蜜蜜。

每到朔望太学休假，李清照常同赵明诚出外游赏，李清照的创作也迎来了一个婚后的丰收期。在这一时期中，李清照写得最多的是咏花词，这同词人初嫁、花期正盛的惬意年华不无关系吧。

在赵家的小花园中，有一株盆栽的金桂。中秋时节，太学依例放假，赵明诚合家欢庆娶了新媳妇的第一个团圆节。午后，李清照与赵明诚一起到花园中散步。赵明诚故意把李清照引至金桂树旁，睒了睒狡黠的眼睛，指着金桂问李清照："夫人，为夫孤陋寡闻，少识草木鸟兽之名，可否指教一二，这是什么花？"

李清照走近花盆，首先袭来的是一阵阵沁人心脾的幽香。这不由使李清照一惊，别看这金粟般的小花，形体虽小，香味却极浓，怪不得人说"花香十里定军山"呢。再仔细观察，这棵盆栽的小花树冠浑圆，枝叶繁茂，对生的叶子光泽可鉴。淡黄色的花儿簇生在叶子的腋下，无数朵小花聚集成小伞似的形状。李清照实在把握不准这是什么花，因为她从来没有见过这种花。于是，便变守为攻："你能一口气数出《离骚》中所有的花草，我立刻告诉你这是什么花。"

赵明诚说："你别打岔。《离骚》中也没写这种花，倒是李贺的《金铜仙人辞汉歌》提到了。""画栏桂树悬秋香，三十六宫土花碧。德甫，你是在故意考我呀？你看这桂花，她的色彩暗淡轻黄，不像葵花一样金光耀眼；她的形体玲珑团聚，没有一点骄矜傲慢之态；她的花香浓郁悠长，在很远的地方就能闻到她的芬芳。我们的确应该向金桂学习啊！"

"既是如此，可否口占一阕，以示教诲？"

李清照略加思考，便开口轻吟：

暗淡轻黄体性柔，情疏迹远只香留。何须浅碧轻红色，自是花中第一流。　　梅定妒，菊应羞，画栏开处冠中秋。骚人可煞无情思，何事当年不见收？

“妙！妙！”赵明诚拍手称奇，“我只说桂花生长在南方，你没去过南方，自然不认识桂花树。谁知你对桂花还颇有研究。好一个‘自是花中第一流’，她就是夫人你的自我写照，你真是真人不露相啊。不过，你别老是那么担心，梅不会妒，菊也不应羞，桂花如此虚怀若谷，它们忍心吗？只是屈原可能真的是犯了一个错误，为什么当年就是没有歌颂桂花呢？”

赵家庭院的正中，栽种着一丛梅树。那是赵挺之专门物色着意培植的。其中有挺拔直立的直脚梅，也有奇曲盘绕的龙游梅，还有枝条下垂的垂枝梅。瑞雪纷飞的隆冬时节，龙游梅在冰天雪地中悄然怒放，全家人都十分高兴，赵挺之也心照不宣，以为这是同自己的官运相关的好兆头。因此，叮嘱郭氏召集全家月夜赏梅。李清照也参加了这一活动。郭氏特意让厨下多备了几样干果点心，又拿出特制的绿蚁酒，全家人一边品酒，一边赏梅。酒过数巡，郭氏提议说：“今年咱们家的蜡梅开得早，更开得好。今晚赏梅，月好、雪好、梅好、酒好、人更好。难得大家共聚一堂，饮酒赏梅。如此雅致，不可无词。我提议，咱们每人写一首咏梅词，词调用抓阄儿的方式决定，大家写一个同样的词牌，来一个写作比赛。我这里有九九八十一袋杏片，按照完成的先后，多寡有差，以示奖惩，你们同意不同意？”

大家异口同声表示赞同，都瞄准了郭氏的杏片。于是争吵如何决定词牌，如何分配不同名次的份额。经过一番争论，最后商定，写出五个词牌名，做成纸阄，由每个人掷色子，看点数，以点数最高者来抓阄儿，决定词牌名称。然后各人自行写作，按照由先到后的次序，所得杏片的份额依次是三十、二十、十五、八、五、二、一、零。犯规者罚钱五百，当夜买小食品大家分享。

于是大家先掷色子，看点数。结果赵挺之、赵思诚、李清照三人相同，都是十三点。正要掷第二轮，李清照发言说：“三人同数，长者为尊，不必再决胜负，就由父亲来抓阄儿，定词牌吧。反正定下什么词牌，大家写的都一样，又不是自个拣最顺手的词牌来定。”大家一致赞同，由赵挺之来抓。赵挺之也不再客气，随便抓了一个，郭氏打开一看，是《渔家傲》。

郭氏说：“这个词牌名挺吉利，大家分头写作吧，但不能离开现场。”于是各人自操长毫开始了写作。仆人早就磨好了三砚墨汁。李清照在大家争论如何比赛时，已经构思好了立意、手法，她执笔在手，轻挥狼毫，一首娟秀端庄的行书《渔家傲》便跃然纸上，先拔头筹。接着是存诚、明诚、思诚、两个媳妇，赵挺之夫妇有意推让，互相争起最后一名来。郭氏得了最后一名，乐不可支地说："我就知道又该我出了，反正每次都是我出东西大家赢。现在咱们看看谁的词写得好。"自然是从李清照开始。每人各自诵读自己的作品，由赵挺之来评判，李清照的词写道：

雪里已知春信至，寒梅点缀琼枝腻。香脸半开娇旖旎，当庭际，玉人浴出新妆洗。　造化可能偏有意，故教明月玲珑地。共赏金尊沈绿蚁，莫辞醉，此花不与群花比。

赵挺之评价说："上片凌空起笔，逆挽相应，先虚后实，意在笔先，写尽蜡梅的气韵和风度。下片以月写人，婉转曲折，既写出梅的环境，又写出赏梅者的心情，映带之法颇工。为此加赏绿蚁一杯，以示鼓励。"

李清照说："全靠二位大人扶持，各位兄嫂捧场。清照愚拙，尚有自知之明，我不过是东施效颦，还望大家多多批评。"

郭氏当即拿出八十一袋杏片分发，李清照和赵明诚共得了四十五袋。清照回赠给公婆十袋，一家兄嫂各五袋，只带二十五袋回房，大家皆大欢喜，回房歇息。

转眼到了小满时节，琼林苑的牡丹方谢，芍药又盛。望日解禁，允许士庶入园中观看，李清照和赵明诚一起来到园中赏花。

琼林苑在顺天门大街，坐南向北，与金明池隔水相望。他们一进琼林苑的大厅，只见古松列队，怪柏肃立。两旁的花园大都是一园一花，专园养植，如樱桃园、石榴园、菊花园、梅花园、兰花园、海棠园、百合园、石竹园等等。每个花园中都有依势所建的亭台楼阁。还有一座人造的山岗，高数十丈，上面有金碧辉煌的观楼。山岗下面便是方圆约九华里的金明池，朱漆栏杆的飞虹桥从北往南卧在金明池上。

他们随着熙攘的人群进了芍药园，只见宫房上张挂着彩绸横幅，红色的栏杆轻护着满园芍药，花儿或一枝独秀，或数花竞放，花形大的有拳头那样大，花瓣层层叠叠，有雪白的、金黄的、大红的、粉红的、正紫的、紫黑的，还有混合杂色的，雪白的花瓣中夹杂着数条胭脂红，煞是难得。满园的芍药，争奇斗艳，娇娜婷婷，各展丽姿，笑靥迎人，让李清照久久不愿离去。直到傍晚时分乘车回家，李清照依然意犹未尽。

李清照在《鹧鸪天》中咏桂花时说："何须浅碧轻红色，自是花中第一流。"这是李清照对桂花的褒奖和欣赏，也是对自身生活的肯定和赞美。的确，李清照的新婚生活是幸福美满、惬意轻松的，虽不是那种大红大紫、大富大贵的超前消费，但她和赵明诚情意相投，恩爱无比，充满了高雅的文化情趣，生活的质量是难以比拟的。与李清照婚前的生活相比，是别有一种情调的欢愉，也是李清照一生中最舒心的日子，因而也是最难忘的日子。

# 喜得名帖

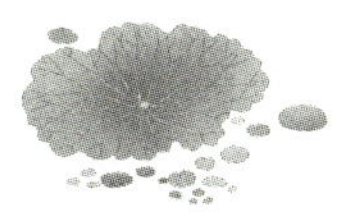

无忧无虑是最不易得的。纵观整个社会，上自皇帝宰相，下至农夫乞儿，每个人都有自己的忧虑，都有自己的烦恼。从这个角度讲，像李清照这样无忧无虑、高雅温馨的生活，的确不是神仙，胜似神仙。

然而，这种生活太松弛，太悠闲，缺乏压力和追求，便没有了激情和热烈。令人羡慕的是，李清照的新婚生活，在欢乐之中并没有忘记人生的追求和责任。由于李清照已经在婚前就具备了比较深厚的文化功底，而赵明诚又是一个酷爱金石、孜孜以求的青年，这样他们的婚姻生活就注入了新的更有意义的内容，大大提高了婚姻生活的质量。李清照全身心地投入收集、整理、研究金石文物的事业中，便没有了那种空闺的寂寞，更显示出人生的价值，等于在找到理想伴侣的同时，找到了一份称心如意的工作。对于赵明诚，他多了一个可以完全信赖的好帮手，有了一个互相切磋的好朋友，等于在找到如花美眷的好妻子的同时，找到了一个志同道合的同仁。为此，他们二人如鱼得水，如愿以偿，达到了一种心灵的共振与默契。金石之事，也如虎添翼，理想的翅膀展翅腾空，雄心勃勃地飞向成功。

当时，赵明诚尚未出仕，经济上仍然依赖父母为生，再加上，赵挺之对小儿子如此痴迷金石常怀警惕，怕他走火入魔，贻误仕途，因此常在经济上加以控制，加以防范。赵明诚收集文物必然受到一定限制，不能大张旗鼓地畅意而为。

三十年后，李清照在《金石录后序》中回忆说：我在建中靖国的辛巳年，方才嫁到赵明诚家。当时我父亲任礼部员外郎，公公赵挺之任吏部侍郎。赵明诚年方二十一岁，在太学做学生。赵、李两家都是寒门出身，一向清贫俭朴。每到初一、十五的时候，我告别公婆，与赵明诚相随外出，赵明诚往往把衣服典当了，拿到一千或五百左右的钱币，走到相国寺里，购买碑文和果品。回家后，两个人相对展玩咀嚼，自称是葛天氏之民。

从这一段回忆可以看出，刚结婚时的赵明诚，经济上没有独立，父母所给的零花钱也很有限，节假日到相国寺闯市场，也只是小打小闹，先把衣服当在当铺中，带上五百个小钱，去购买有价值的碑文。当然，也忘不了买回点干鲜果品，小两口在家中，一边品尝果品，一边鉴赏品评碑文，日子虽然过得俭朴，却也充满了乐趣。他们对这种生活，感到充实自适，但同时也感到极大的不满，这种不满主要是经济的，不能有足够的甚至雄厚的经济实力而大量地更高档次地收集更珍贵的文物，否则，也不会戏称这种生活是“葛天氏之民”了。

一个望日的午后，李清照心情烦闷，于是暂时告别了比较枯燥的金石碑文，在韩偓的《香奁集》中寻求一时的轻松。院子里特别安静，只有鸣蝉时而扯着嗓子抱怨夏日的焦燥，阳光很强烈，把每一片树叶都晒出一身轻汗，看上去像涂了明油一般。

突然，一阵急促的脚步声直踏进卧室中来。李清照警觉地穿衣、开门。只见赵明诚大汗淋漓，火急火燎，只穿着一件内衣，提着一个小包袱闯进了屋里。

赵明诚从来没有如此莽撞，特别是娶了李清照之后，言行举动更比先前高雅斯文。李清照关切地问：“德甫，到底发生了什么事？你的衣服怎么不见了？看你这副狼狈相，别人还以为你是抢着用山洪浇地去呢！”

“哎呀，我的夫人，快拿水来，渴死我了。”

李清照为赵明诚倒了凉开水。赵明诚一口气喝了一大碗，这才慢慢喘过气来，给李清照讲了一个有趣的见闻。

原来今日中午，几个同窗在一起聚会之后，赵明诚不由自主又步入了相国寺。在大佛殿的古董市场上，围着二十多个人，赵明诚便凑上去看个究竟。挤进圈子一看，是个头戴方巾的中年男子，面前摆着几件青铜、陶器、瓷罐在那里兜售，还有几幅书法，正在跟顾主们讨价还价。大家一看赵明诚来了，内中有认得的，便说："好了，好了，大家都别争了。赵古董大驾光临，让赵太学给评一评，到底值多少钱。"卖货的中年男子是个专门做古董生意的河东人，与赵明诚也比较熟悉。他首先开了腔："赵公子，来得正好！真正识货的来了，你给论论价。如有选中的，也可选两样，我信得过你。"

"艾师傅，一向可好？发财了吧？我来看看货。"赵明诚问了问跟前的顾主，到底想买什么货，其中的一位，看中了一瓦一鬲，另一位看中了河东版的《柳河东集》，还有一位看中了一对镇纸玉狮子。赵明诚一件一件地仔细鉴别，然后开口论价，艾师傅和三位顾主都比较满意，生意很快做成了。人群转移到了另一个古董摊位，赵明诚也告别艾师傅，向前面的摊位走去。

赵明诚正挤在那里看货，忽然觉得有人在拉自己的后摆。他转身一看，不是别人，正是刚才卖古董的艾师傅。

"赵公子，请借一步说话。"艾师傅眼中露出着急的神色。

赵明诚以为是刚才的买卖吃了亏，但又觉得不是，因为他是公平论价的。他顾不了想许多，跟着艾师傅就往圈子外面走。走出十几步远，赵明诚问道："艾师傅，别走啦，有什么话，你就说，我还想看看货去呢。"

艾师傅也不说话，只是用目光告诉赵明诚，这里不是说话的地方，一直把赵明诚带到殿后一个僻静去处，然后一本正经地说：“赵公子，我们已不是一日之交。我知道你是个真正识货的。这次我带来几件真货，不知你喜欢不喜欢？刚才在那儿，人太多不方便，我就没有拿出来，我是专门为你留着呢！如果你不要，我再拿到市场上去卖。”

艾师傅打开包袱，小心翼翼地拿出一幅书法，是苏轼的《天际乌云帖》。艾师傅压低声音神秘地说：“这是我从一个浙江商人手中搞到的，请公子鉴定。”

赵明诚一眼便看出这字迹是苏轼真迹，无论是整幅作品的构图，还是“开笼”“观音”“若”“衣”“诗”等字的间架写法，都同苏轼的其他作品无异，书法的风格也找不出可疑之处。再从印章、纸张、装裱、题跋、标签等方面详细辨识，确属苏轼真迹。赵明诚便问艾师傅：“不知艾师傅讨价几何？”

“实不相瞒，我以三十五两得到此物，你只要加少许盘缠，就可成交。我不想赚你的钱，实在是难得的好字啊！我不想让它流入那些假古董之手。”“艾师傅，你知道，我是个穷学生，哪里拿得出这许多银子？家父虽说有几个钱，那又不是让我随便使的……”

“赵公子，你知道，苏公刚刚下世，他不会再写出书法作品来了。现今，也不允许苏公的作品随便上市。要论保存，这东西肯定是最有长期保存价值的，将来说不定会成为国宝。若论出手赚钱，放不了几年，就会大赚的。那个商人急着等钱用，又不是真正识货的，才肯三十五两让给我。不然的话，怕百十两也拿不到手。如果公子实在为难，我只好另寻买主了。”

赵明诚心里很清楚，艾师傅的话讲得很在理。苏轼的作品，他一直比较喜欢，加上苏轼并不轻易赠人书法，就显得更为珍贵。如今苏轼刚刚去世，可以断定，过不了许多年，苏轼的书法会被人炒成海价。然而，他实在拿不出这么多银子。而且，这事父亲是绝对不会同意的，如果是别人或者前代名人的作品，父亲会让步的，偶尔收藏一两件珍品，他是允许的，但苏轼的恐怕很难。在父亲看来，这里面有政治危险，甚至是一种政治成见。那么这笔钱从哪里去想办法呢？赵明诚一时拿不出什么好主意，便对艾师傅说：“我先给你放下一点押金，然后去想办法，你有所不知，这里面我有难言之隐啊！请你在客舍中暂且歇息等待，我去去就来，若有银子，一个时辰内交割清楚，若没有银子，一定将你的东西完璧归赵。我用我的人格担保，请你相信。”“好吧，我相信你。”

赵明诚就近在当铺中把袍子当了，拿了一两银子，交给了艾师傅，就这样风风火火地回来了。

李清照听了赵明诚的诉说，先打开书法看了看，然后说：“德甫，前些年在家中我只见过苏轼的一幅作品，是苏先生送给家父的，但他的书法风格我把握不准。你可要辨清真伪，千万别花钱买了赝品。”

“咳，哪能呢！我的眼睛错不了。现在的问题是钱！”

“德甫，何不找母亲禀明此事，让母亲想点办法。这么大的数字，你我哪能凑齐呢？”

赵明诚向李清照讲了父亲的态度，知道母亲不会违背父亲的意志，这是被无数事实证明了的母亲的行事原则。不过，在李清照的敦促下，还是抱着试试看的态度向母亲开了口。郭氏的态度果然不出所料，把赵挺之的话当作金科玉律，银子自然不能拿。不过，她也很同情儿子，从自己的私房钱里拿出五两，算是以个人身份帮帮自己的儿子。

银子放在炕桌上，赵明诚没有了刚才的兴奋，耷拉着脑袋，不想再说什么，长长地叹了一口气。

“德甫，你真的看准了这件作品吗？”

“嗯。”

“你特别想收藏它吗？”

“那还用说？只是无能为力罢了。”

“谁说无能为力？”李清照站起身，在妆台的底匣中拿出钥匙，果断地打开木匣，拿出两个小盒子，捧到赵明诚面前，庄重地说：“去吧，当了它，先把东西拿到手。别忘了，把你的衣服先赎回来！”

不到半个时辰，赵明诚眉开眼笑地穿着公子袍回来了。李清照早已沏好了龙井茶，把《天际乌云帖》张挂了起来。赵明诚打开刚刚带回的两包干果，把房门轻轻一关，同李清照一道展玩起苏轼的《天际乌云帖》来。

伍

# 祸从天降

## 风云突变

命运是自己放飞的风筝。所有放飞风筝的人，都是抱着遨游蓝天的崇高理想，精心制作了人生的风筝，它的形体、色彩、大小，甚至每一道花纹，都倾注了辛勤的描绘和真诚的心血。然后，在一个风和日丽的晴天，奔跑着把它放上理想的蓝天，任它飘飞在湛湛晴空，与紫燕比翼，与白鸽争胜。

绢做的风筝可以自如地调节引线的长短，收回一份放累的心情。然而，政治的风筝却不行，一旦放上天空，就不允许轻易收回。因为政治风筝不但属于放飞者自己，更属于蓝天。

最可怕的是蓝天变脸，霎时间，阴风怒号，浓云密布，骤雨如注，电闪雷鸣。这时，风筝的命运早已被强大而粗暴的天的主宰者从放飞者手中夺走。所以，所有的风筝便任凭风暴狂怒地举起，或恶毒地摔下、撕裂、击打，直到或远谪异域，或委顿下潦，或丢盔弃甲，或粉身碎骨。

崇宁改元，也许就是推崇熙宁政治之意吧，它具有极其浓烈的政治色彩。改元意味着向太后新旧合用政治的结束，意味着一朝风流天子宋徽宗的亲政。这位相貌堂堂，在书法、绘画、音乐方面颇有造诣的青年天子，在政治上却很不成熟。蔡京等一批新党，已经逐渐恢复了官位，成为他眼中的忠臣义士。北宋的政局在悄悄发生着变化。

正月大年过后，李清照携赵明诚拿着丰厚的礼品回到了娘家。李清照从李格非和王氏的笑容中看到多少有几分凄凉和不自在。她去问弟弟李迒，李迒告诉李清照："父亲没有什么病，只是近来情绪有些不好，常常沉默不语，偶尔还对我发脾气。我也不知道有什么事。"

李清照来到母亲房中，她看见母亲比先前好像突然老了一大截，在自己的青春风华比衬下，更显得憔悴衰竭，眼中不由得泪光滢滢。

"清照，明诚待你不好吗？"

"不，没有。母亲请放心。不知怎的，我看见你就想……"

"你不必挂牵，好好跟明诚过日子。外面时兴的衣服那么多，你去年也没添置新衣服吗？怎么还穿着我给你陪送的衣服呀？"

"娘，你别操心。我们的日子过得很好。你知道，我自小不喜欢奇装异服，衣服太好，反而穿不出去。再说，我们现在把钱都用在收集文物上面了。这是件很费钱的事情。父亲没什么吧？怎么看见父亲很忧郁的样子？"

“没事，我们就三口人，不缺吃，不缺花，忧郁什么?”

“要不我留下来住几天，陪陪你和父亲?”

“不，不要，你们还是回去吧。明诚难得有闲暇在家，你多陪陪他吧。”

夕阳衔山时分，明诚使眼色让李清照起身回府，李清照一再要求留下来住几天，始终没有得到母亲的允许，只好同父母和弟弟依依惜别。令她深感不安的是，父亲的确比过去少言寡语，那种发自内心的爽朗她始终没有看到一次。李清照只好怀着沉重的心情回到赵家。她万万没有想到，这是李格非统一了全家人的思想，不让李清照知道他正面临着严峻的政治审查。

一场声势浩大而又旷日持久的政治风暴终于在夏日的五月形成了。首先是同李格非有二代交谊的韩忠彦被罢免，接着是同李格非有密切政治关系的司马光被又一次追降，把刚恢复不久的太子太保之职割去，给了一个正议大夫的名衔，文彦博也由太师之衔降为太子太保，同时被降职的还有一批人。李格非知道，这种处罚本身并不很重，但它是一个危险的政治信号，预示着一场更大的风暴即将来临。没过几天，皇帝下诏，元祐时期的重要臣僚已经削秩的，不必再提起复职之事，言官亦不必再行提议，一种鲜明的政治倾向公开表露出来了。与此同时，组织上进行了相应调整，许将升为门下侍郎，温益升为中书侍郎，蔡京由翰林学士承旨升为尚书左丞，赵挺之由试吏部尚书兼侍读，修国史、编修国朝会要，升为中大夫、尚书右丞。

在赵挺之家欢天喜地为升迁而乐不可支时，李清照在高兴之余总有些忐忑不安。她知道父亲并非新派中的人物，而且同苏轼有比较密切的关系。为此，一种沉重的政治阴影总是追随着她，但她有时非常相信父亲的正直和忠诚，认为这样的官员是不会被皇帝排斥的；有时，甚至非常简单地进行逻辑推理，认为公公的高升绝对是父亲升迁的好兆头，退一万步说，也完全可以保住现在的礼部员外郎职务，似乎这是天经地义、无可争辩的常理常情。为此，她在赵家的表现更好了，对公婆、对明诚、对所有的家庭成员比以前更客气、更尊重、更以礼相待。

然而，两个月后，意想不到的事情发生了。七月初二，三省开列的元祐党人共十七人。李格非已经进入了黑名单。此前，第一次确定的元祐党人有五十七人，这次在十七人之中，李格非名列第五。李清照得知此事，如雷轰顶，立刻连夜回到了娘家。

在昏暗的烛光下，全家人都沉默不语。李清照依偎在母亲的肩头，泪如雨下，又不知所措，她望着父亲恳求地说："我连夜回去跟公公求求情吧？"李格非平静地说："官场上的事情，你们是不清楚的。这是政治斗争，不是亲戚之间的纠葛，况且，这事也不全由得他，我看，说也起不了什么作用。"

有人敲门，声音很急促。原来是赵明诚回家后不见李清照，也连夜赶来了。寒暄之后，大家都不说话，吃了一顿哑巴饭。等仆人收拾走碗筷，李清照当着父母的面问赵明诚："德甫，你看这事能不能跟咱爸说一下，尽力挽救。其实，我父亲也算不上旧党，起码不是旧党的骨干，你看……"

"这事不消你说，我何尝不想搭救岳父？我看，咱们与其在这里被动等待，不如立刻回家。我连夜向父亲禀明此事，看他有没有援助的办法。"

李清照和赵明诚回到了赵家，二人合计了一会，定好了口气、策略，赵明诚终于在李清照的陪同下走进了赵挺之的正堂。

气氛仍然像往常一样和气。赵挺之眉宇间显露着清醒和沉着，抢在赵明诚开口之前开了腔："清照啊，令尊的事情我是知道的，我也很不情愿是这个样子。不过，我现在人微言轻，这事主要是蔡大人一手负责。我无法改变过去的事实，只能影响未来的判决。我同蔡大人打了招呼，把令尊大人安排为提点京东刑狱，你明天可以回去告诉令尊，没有准备好，可以缓行，暂且住在京中，以后慢慢再说吧。明诚，你明天送清照回娘家，带上点银子，该买什么买上，去看看你岳父全家，并代我转达慰问之情。就说我公务繁忙，有时间一定抽空去看他。"

形势的发展完全出乎李格非的预料。七月三日，诏令中央各部门及地方郡守，并以三年成任，这意味着三年任期届满，就必须自动解职，听候重新任命。这为大批官员的下台找到了正当的理由。七月初五，蔡京被任命为尚书右仆射兼中书侍郎。第二天，便焚元祐法，大规模地报复元祐党人的行动，以迅雷不及掩耳之势展开了。

在城东七华里的虹桥畔，停靠着一只陈旧的木船，被汴河水冲击得不断左右摇摆，若不是用绳索拴在岸边的柳树上，早就被河水冲得无影无踪了。船与岸之间积满了垃圾，让人一看就想呕吐。柳树的枝条仍在随风摇曳，可叶子已经发黄，在清晨的阳光中毫无生气，太阳也无精打采，在灰蒙蒙的雾气中像一块暗红出炉的铁饼，再也无法闪烁出夺目的光芒。

李清照、王氏、李迒亲自送李格非到应天（今河南商丘市）去上任。李清照热泪盈眶，努力控制着不让眼泪流出。她双手捧着酒杯，颤抖着举过头顶，轻声说："请父亲满饮此杯，一路平安，前程顺利，保重身体，我们全家相会有日。"李格非接过酒杯，为每个人都斟了一杯酒，并一一碰杯，很淡然地说："你们各自保重，都回去吧，我们很快就会再见面的。"然后登舟而去，头也不回地走了。秋风吹拂着他花白的头发，掀动着他灰色的布袍，俨然一尊青石雕像，渐渐消逝在水天茫茫的汴河远处。

## 慈父被贬

政治斗争常常以你死我活、变本加厉的方式来显示自己的残酷。不置政敌于死地，自己的地位便难以巩固，要巩固已有的胜利，就需要猛追穷寇，痛打落水者。这似乎是绝大多数政治家都采用的策略。

蔡京称相后，首先对司马光等二十一人进行再打击，令其子弟不得在京师为官，然后以赵挺之为尚书左丞，以张商英为尚书右丞，对元祐党人展开了更大的彻底的围攻。

到了崇宁元年九月，宋徽宗下诏对元符三年（1100）以来的臣僚，分成正邪两大派，每一派中，又分为上中下三等，十四日对旧党的十七人或降或贬，十六日将元祐及元符末的宰相文彦博等、侍从苏轼等、余官秦观等、内臣张士良等、武臣王献可等共一百二十人，由皇帝亲自书写姓名，刻在端礼门的石碑上，这分明是让所有的在朝官员和全国臣民，永远记住这一历史教训，意在让元祐党人遗臭万年。十七日，又把元符末上书的钟世美等四十一人，作为正等，全部进行表彰提拔，而范柔中等五百余人，作为邪等，降职责罚。

可见，这完全是有预谋、有计划的政治行动，否则，不可能两天或者一天就发一道诏令。这场政治报复的标准就是对元祐皇后和元符皇后的态度，它将上过书的所有官员分为正邪两类，正者倡，邪者亡。受到打击的臣僚，从当时的宰相到一般官员有六百余人，直到十月份，罢元祐皇后之号，本年度的打击才算告一段落。这一次再打击，李格非被列在余官的第二十六位，他是提点京东刑狱几乎没有正式上任，就被削职了。

冬日的深夜，赵家大院中所有的房中都灭了灯烛。没有月亮，也没有星光，只有北风坐在梅梢上欢快地吹着口哨。不一会儿，口哨的声音越来越尖厉，越来越刺耳，北风并不满意只坐在梅梢上，它要把梅树连根拔起，熄灭深夜中所有的反抗，夷平阻挠它前进的一切阻力。于是它招来了气势汹汹的阴云，把神州的天空涂抹得一团漆黑，又抓起满地的沙尘和树叶，肆意地抛向太空，砸向屋脊，它把梅干狠狠地摁住，不让它翻身，不许它喘息，希望在明天太阳升起的时候，把整个世界征服个遍。

人们都入睡了，盖着又长又厚的棉被，再加上高级的羊毛毯子，甚至把脑袋深深地埋进棉被中，逃避这冬日的严寒。只有李清照难以入睡。政治斗争的形势牵动着她的每一根神经，她清楚地意识到，如果父亲被免官，她将成为一个平民出身的女子，而公公的地位却在步步攀升，自己将来在赵家很难容身。赵明诚也并非一座坚定可靠的大山，男人们似乎都有点靠不住，再说他的前程，全在他父亲的手心中，许多事情他是难以左右的。如果父亲受远谪，那情况会更糟，她会成为罪臣的后代，赵明诚的前程可能因此受到重大影响，她和赵明诚的关系就值得重新考虑了。

更令她担忧的是，父亲年过半百，身体也不是很好，精神上受到如此大的重击，日后的生活如何料理呢？更令她迷惘的是国家的前途，两党斗争到了眼下这种地步，已经远离了富国强兵的初衷，成了无休无止的报复和反报复。家不和，外人欺，边境上不断有打仗的消息，万一引起“安史之乱”式的兵患，大宋的命运可就实在堪忧了……

李清照推了推赵明诚，明诚应声说：“我知道你没睡着，我和你一样焦灼，可是我们能有什么办法呢？”

“唯一的办法就是向父亲求情。”

“父亲与岳父并无私怨，如有私怨，也就没有你我的今天了。我想，他也是没有办法。如果有，还能把岳父列在余官行列中吗？”

良久的沉默。只有风在肆虐，没命地拍击着窗户，像是对他们的对话发泄不满。

“那么，我们就这样坐以待毙吗？”

赵明诚又一声不吭了。过了一会儿，他转过身来，轻轻地却又是一字一顿地说：“实不相瞒，我已跟父亲说过多次了。他总是不吭声，问急了，他就说，你只管操你自己的心，难道你老子还用你教吗？要不，你亲自跟父亲说一下，平时父亲对你还是挺客气，他总不至于像对待我一样，让人摸不着头脑吧。”

李清照是个急性子的人，第二天一早，在赵挺之洗漱完毕之后，她便来到了公公的房间。

赵挺之一看李清照哭红的双眼，先是把话避开，让李清照吃早点，谈闲话。待李清照情绪稳定下来之后，才郑重地说：“清照啊，我知道你想跟我说什么。如今，我们是一家人，退一步讲，我不考虑自己，还要考虑明诚。所以，你父亲的事就是我的事。不过眼下，连元祐皇后的封号都取消了，又有谁能救下谁呢？你父亲同侍从官中的头号人物苏轼关系比较密切，元祐年间，社会上都知道他是‘后四学士’之一，这一点是公开的，想什么办法都难以掩盖。再说绍圣时章惇要编类元祐诸臣章疏，召你父亲为检讨，你父亲不接受，当时就被外放广信军通判，这也是人所共睹的。说实在的，我若有一分奈何，就不会让你父亲列入党籍之中。事情到了这般地步，我自然还要尽力而为，但是能做到什么程度，实在难以估量。你们也都要做好各种思想准备，才能做到临危不惊。还是请你放宽心，好自为之吧。”

从赵挺之的房间出来，李清照又同赵明诚商量，自然是没有任何结果。李清照只好和婆婆打了招呼，回娘家照顾父母，在膝前尽女儿应有的孝心。

临行之前，赵明诚拿出二十两银子，递给李清照，并说："清照，你先在家中待上一天，今天，我实在有些公务，无法脱身，待我今天上班后，把事情处理一下，跟上司请个假，明天我们一块过去，行不行？"

李清照没有接那二十两银子："银子不必拿了吧？我们家再倒霉，也不缺这二十两银子。"

"咱家的情况你是知道的，这是咱们的一点心意嘛！"

"人到了比什么都强。银子就暂且放下吧，我看不到用钱的时候。""你能不能等到明天，一块再去？"赵明诚像是在恳求李清照，似乎有无法出口的难言之隐。"十万火急，我岂能等到明天？德甫，你今天怎么了？"李清照简直有点难以控制自己，她无法理解，一向聪明的赵明诚为什么在这件事上如此优柔寡断？

"你……那……那就只好由着你去吧。"赵明诚似有千言万语无法道出，一副无可奈何的样子。

李清照雇车快速向康衢之西的李家小院直奔而去。

来到李家门外，李清照一下车，她完全被眼前的情形惊呆了。四个衙役手持水火棍分列在大门两旁，面部的表情凶狠而麻木。大门合着，看不见里面的情况，像是在拿贼捕盗，怕跑了坏人似的。李清照一见此状，禁不住热泪顿涌。她哭喊着奔向大门。

“什么人？向后退！”衙役毫不客气地下令说。

“这是我家！”李清照毫不客气地回答。

李清照进了院门，院门又被反锁了。院子里已是一片狼藉。李格非和李迒，都披散着头发，木然地站在院子中间，凛冽的寒风不停地撕扯着他们的衣襟和乱发。李格非的双眼充满愤怒和焦灼，他紧闭着嘴唇，腮帮子急剧地嚅动着，像在咀嚼吞食历史的灾难和人生的苦果。李迒的嘴角还留着血迹，显然是挨了打的样子。书籍、文札、纸张满院都是，这里一堆，那里一摞，纸片被风卷着在空中打旋，在地上打滚。衣物、家什也扔得到处都是。

两三个衙役正在往外搬东西。李清照奋不顾身地扑向父亲和弟弟，父子三人便哭在了一起。王氏听见李清照来了，立刻从房中跑了出来，她等到李清照可以控制感情的时候，从容而镇定地说：“清照，你来得好。别哭了，帮我收拾东西吧。”李清照止住哭泣，揩净了泪，随母亲走进房中。

文职小吏看见李清照和王氏又进了房中，对身边的班头说：“刘班头，你去正房看一下，不该带的绝不能让她们带走，千万不要让你手下的人送人情，出了问题，你我可都吃不消啊。”刘班头应声跟着李清照、王氏进了房门。

房里原先有一个年长的衙役，刘班头进来后，对他说：“你出去，到院子里面监视。”

这时，李清照正准备开柜门，见刘班头进来了，便停住了手。王氏向李清照使了个眼色，示意她继续开。李清照便打开柜门，取出全家的金银细软。刘班头一见，眼睛像通了电的电灯，立刻放出惊喜的光芒，快步走过去，毫不客气地下令说：“上边有命令，不准带走。”

王氏拿出其中唯一的一块金砖，递到刘班头手中，哀求着说：“请班头高抬贵手，我们一路上吃住，总得有些盘缠。家中没有亲人，回去还得白手起家。求你可怜可怜吧。”

刘班头从木匣中拿出大约二十两银子和少许碎银，塞在床上的衣物中，然后下令说：“赶快包起来。”

王氏说：“等一下。”李清照便停住手，王氏从银两中拿出五两，招呼仆人赵星进到屋中，满含热泪对他说：“家遇变故，如今也顾不得你了。我们走后，你看情况，这里能住则住，把院子看管好。如若不行，你就逃命去吧。这五两银子，请你带上，日后也是个接济。”

仆人赵星已是泣不成声，他再三推托，不肯接受。李清照说：“你不必再拒绝，非常之时，要有非常的胆略。你日后还要生活呢，请务必收下这银子，这也是我父母的一点心意啊。”仆人赵星这才含泪收下了银子。

巳时一刻，李格非一家被赶出了李家大院。李清照扶着王氏，李迒扶着父亲，走出了京都康衢旧居大院门外，早有两个公差等候在那里，随即给李格非和李迒戴上手枷，押解李格非全家出城向东走去。从家中带出来的，除了几床被褥，就是那个小包袱，里面包着全家的衣物，也包着全家人赖以活命的经济财力。

## 虹桥痛别

又到虹桥。天空半阴半晴，灰蒙蒙的，太阳好像一下子远离了地球，藏到了灰色气层的背后，它微弱的光芒无论如何也穿不透厚厚的气层，让人只能感觉到太阳存在的位置，几乎在大地上投不下什么影子，或者说，整个神州大地都是阴云迷雾的影子。所有的草木都凋谢了，偶尔可以看见几片枯叶在寒风中哆嗦着。风不很大，却格外地冷，遍身的冷气，直往人的脖子、袖筒和裤腿里钻，使人阵阵发抖。大地像一块冻僵的石头，又硬，又冷，偶尔有坚冰横在路上，脚踏上去像要立刻把鞋粘住似的。只有红尘在肆虐，它好像故意在追赶李格非一行，从远处看，李格非一行人就像旋在大路上的一股北风，缓缓地远离了京都，远离了皇宫，也远离了他繁忙赤诚的官宦生活。

踏上虹桥，李格非停住脚，满目凄凉地对李清照说："清照呀，你不必再送了，回去吧。我们这一去，不知何时才能见面，你要同明诚好好过日子，好自为之。"

话未说完，李清照已是泪眼滂沱，她扑倒在父亲身上，大放悲声，哭喊着："我不回去，我和你们一起回老家，你们到哪里，我就跟着你们到哪里！"

李格非和王氏正想劝解，两个公差搭上了腔："李员外，朝廷的王法你不会不知道吧！党人子弟一律不得留京！"

"可她已经……"

"已经什么？已经是罪人了！快走！再说一句，别怨我的水火棍！"

又一股狂风卷来，几乎要把人掀起来，王氏一个趔趄，突然跌倒在虹桥上。"母亲——"李清照和李远赶快伏身去扶母亲，北风掀翻了李清照的外袍，袍襟一下子从后面蒙住了她和王氏的头，撕肠裂肚的哭声被大风吞没了。这时，后面不远处，一股更大的灰尘翻着跟斗朝他们席卷而来，李格非一行站在桥边，紧紧地抓住桥上的栏杆，就如同抱着护身符，等待着飓风的袭击。

狂风又来了，还伴随着马蹄的敲击声。那声音越来越近，在他们身边突然停了下来。“岳父！岳母！明诚来迟了！”原来是赵明诚骑马追了过来，还带着一辆骡子拉的大型油壁车。

赵明诚同岳父、岳母和李迒一一告别，又拿出四两银子，递给两位公差，说：“两位公差，一路多加看承，拜托了。岳父母都已年高，赶路不可太急。我雇了一辆油壁车，请公差和岳父全家坐车去章丘吧。这也省了你们二位一路奔波之苦。”两位公差互相交换了一下眼色，表示同意。

赵明诚指着李清照对二位公差说：“这是我的妻子，请她跟我一起回京。”

“赵公子，这事我们可担当不起！”

赵明诚又拿出五两银子，送给两位公差，口气严肃地说：“多承照顾，家父乃尚书左丞赵挺之！”

两位公差一听，立刻变了脸色，把银子送还赵明诚，赔着笑脸说：“小人有眼不识泰山，得罪，得罪！夫人你可以带回，银子小的断不敢收。”

赵明诚没有收回银子，叮嘱一路上不可虐待岳父一家，然后向油壁车付了车马费，把剩余的五十两银子全都给了王氏，说：“岳父、岳母，一路保重。临行之时，家父让我代致歉意，说让岳父一定想开些，日后若有机会，他知道事情该如何处理。还说迒弟不可因此荒废学业，要看远一点。这点银子，不成敬意，年后，我和清照有机会去看你们。”

李格非很坦然，他对赵明诚说：“清照我就交给你了。我不求你们大富大贵，只求和气平安。回去以后，回禀令尊，就说能落到这个结局，很感谢了。你们回去吧！”

又一股狂风吹来，把李清照一行全都用尘土裹了起来。赵明诚一手牵着马，一手护着李清照，向油壁车中的李格非一行告别。李清照已经泣不成声，站在虹桥上，一直目送油壁车被灰尘追赶着，渐渐变小，向东隐去。

## 罅隙初生

李清照病倒了。

她的病，得自于残酷无情的冷气寒风，更得于无法排遣的沉郁悲愤。在她的心头，压着黑色的山一般的巨石，使她愤懑难平。二十年来，从明水到东京，她从来没有经历过如此蛮横的黑暗，也没有经历过如此巨大的灾难。她无法想象，年迈体弱又气愤难消的父母，如何去面对乡间缺衣少食的日子，也无法想象日后与父母兄弟远隔千里的生活如何煎熬。一想到受那些如狼似虎的衙役污辱欺凌的情景，她就悲愤不已；一想到几十年来为朝廷呕心沥血、对公务兢兢业业的父亲突然变为奸党逆臣，她就好像戴上了一顶捂鼻子遮眼让人透不过气来的千斤重的铁帽子。她真想把自己变成雷，变成电，用雷电之剑，劈开重重浓云，驱走沉沉长夜，迎来红日东升；她想把自己变成风，变成扫天之帚，廓清天空的阴霾，重见蓝天白云、青山绿水。更让她百思不解又难以出口的是，为什么沉沦的一方中有自己的父亲，而崛起的一方中有自己的公公？平日彼此客客气气、以诚相待的父亲和公公，为什么突然站到了势不两立、你死我活的两条战线？大家都是为了尽忠皇帝，都是为了报效国家，为什么相互间又要有你没我，互相排斥？她想辩白，却没有辩白的资格；她想申诉，却没有申诉的权利，而且自己永远没有这种资格和权利，因为她是一个女人！既然自己是个女人，又为什么被夹在这场政治斗争的缝隙中备受磨难？党派斗争的苦果为什么让一个弱女子承担？政治摩擦的灾难为什么让一个弱女子忍受？世界既然如此绝义绝情，以后的日子，如何面对公婆？又如何面对明诚？公婆、叔伯、妯娌会如何对待自己？明诚又会如何对待我这个罪臣之女呢？……

疾病属于无常家族，它的姓氏叫助纣为虐，它的名字叫残害生命，它的行踪是神出鬼没，它的武器是乘虚而入，它的强项是攻击意志薄弱和体质虚弱的人。

李清照从虹桥回到家中的那天晚上就病倒了。高烧使她的脸色红得可怕，还散发着一种难闻的可怕的气味。她什么东西也不想吃，勉强进食的结果是呕吐，请了许多医生，都说是外感风寒，内结怨气，怨气寒气裹挟之下，食欲自然断绝。必须一面吃药调养，一面解开怨气，表里结合，双管齐下，中焦阻塞方能收到好的效果。否则，时间长了，恐生不测。吃药的事，赵明诚一家尽心尽力，开什么药就买什么药，从不在金钱上考虑。可是解开心中的疙瘩，消除内心的郁结，大家都犯了愁。该说的都说了，李清照除了听到感慨处涌出一枕眼泪之外，一句话也不说。别人能想到的，她都想到了，甚至比别人更深刻，因为她理解得太深刻，所以也病得深，没有什么办法能把这病根从心灵的深处诱骗出来。

春节的步伐一天天向东京人走来，大街上依然喧嚣热闹，为了心目中的一个日子，所有的人都在忙碌着，奔波着。其实，这日子与昨天，与明天，与每一个平平常常的日子，没有什么区别，有区别的是人们的心理评价。

李清照经过反复、深刻、痛苦的思想斗争，终于悟出了一个简单的道理。削秩、遣返、受诬、失利……一切的一切，既不是父亲的过错，也不是自己的过错。有时，人并不知道为什么自己犯了错误。父亲并不是一个能够完全把握自己命运的人；她自己也无法把握自己，更不可能也没必要割绝父女关系。在这种情况下，即使自己死了，也只不过在河面上消失了一朵小小的浪花，河水既没有增加什么，也没有减少什么。既然如此，就不能做这种毫无价值的死亡。要好好地活着，等待云开日出、平反昭雪的那一天。有些问题的是非自己可以看到历史的裁决，有的则需要靠后人去评说，有的其实连后辈人也争论不休，那就只好永远等待下去了。这样继续躺着，非独单单折磨了自己，也给别人造成了负担，给全家的过年气氛蒙上了阴郁，即使父母在此，也不愿意她如此软弱下去啊！面对生活，要坚强，要发愤，活着不仅因为拥有胜利，也因为存在失败，更因为等待着许多需要时间才能做出的裁决。

一通百通。李清照的病有了转机。当她由一个病人回过头来成为一个正常人，周围的人对她的态度也渐渐恢复了真实，违心、迁就、矫情都隐退到了生活的深处。于是，本来存在的矛盾便渐渐暴露出来了。

又是夕阳临窗的时候，李清照斜依在窗前，又一次反思着自己婚后大病中的这一段感情历程。

大门“吱呀”响了两声，接着传来了急促的脚步声，凭感觉，她知道是赵明诚回来了。然而，那脚步声却又渐渐远去，走到婆婆郭氏的房中去了。

明诚婚后自外归来，有时直接回自己房中，有时先到母亲处问安，李清照对这些从不在意。自从李清照生病以来，赵明诚回来总是先回到自己房中，探问李清照的病情。对此，李清照常常心存感激，而且这种感激越来越深。她越来越感到，只要明诚回到自己身边，她就多了几分依靠，多了几分安全，多了几分温暖，少了许多孤独，少了许多寂寞，苦苦冥思的心就找到了平静的港湾。

然而这一次，足足待了半个时辰，赵明诚才回到自己的房中。依然是互致问候，询问李清照的身体，似乎没有什么变化。但是，李清照总觉得赵明诚有几分故作镇定的做作。

“德甫，有什么重要的事情吗？”

“没……没有。”赵明诚立刻矢口否认。可是，李清照还是在他的眼睛中看到了心虚，只是为了维护一份面上的尊重，她也不再追问罢了。

三天后，腊月二十一，是陈师道的忌日。郭氏同陈师道的妻子都是郭概的女儿，而赵明诚平时同陈师道关系比较密切，不像存诚和思诚一样，坚决地跟着父亲走。对此，赵挺之对赵明诚的忠诚也不无怀疑，只是心里明白，嘴里不说罢了。去年十一月二十一，是陈师道得病的日子。《宋史·徽宗本纪一》记载，建中靖国元年十一月，“庚辰（二十一），祀天地于圜丘，赦天下”。陈师道因当时刚从棣州教授改授秘书省正字，参加了这次郊祀之礼。因天气非常寒冷，需要两件棉皮衣服方可抵御寒冷。但是，家中只有一件，家人从赵挺之家借来一件，陈师道宁可受冻，也不肯穿赵家的衣服。郊祀回来之后，陈师道得了重感冒，一月后死去。为此，郭氏要派赵明诚在陈师道的忌日去给姨父行祭。李清照知晓此事后，很想一起前去，便向赵明诚提出了要求：“德甫，我们一起去祭奠姨父，好吗？”

“这……你就别去了吧。”

“两个人一块去，不好吗？”

“你大病刚好，还没有完全复原，天气又这么冷，就算了吧？”赵明诚终于找到了最充分的理由。

“穿得厚一点，反正是坐车子，又不是到坟地里去，家里能有多寒冷？我真的想到外面转一转，哭一场也好，老闷在家中，憋得慌啊！”

“那，我跟母亲说一下。”

“祭奠的事，本来就是女眷们的事。好像我去了，就坏了你的什么好事似的。”李清照又补充了一条极有说服力的理由。

赵明诚去请示，结果还是被拒绝了。“母亲说你身体不好，不让去。”赵明诚的话，说得很坚决，似乎没有一点商量的余地，“要不，你亲自去跟母亲说。”

“是不是嫌姨父是旧党一派？”

“不……不，绝不是。真要是这样，我也就不去了。”赵明诚的这句话倒是比较实在。这也启发了李清照，硬不让去，是别有缘故。要让李清照跟婆婆去说，哪个媳妇想到婆婆嘴底下接口水？不去就不去，事情也就到此为止。

赵明诚走后，李清照一个人在家中苦苦思索。以往，赵明诚最喜欢带着李清照出门，他认为这样可以增加自己的荣耀，抬高自己的身份，赢得别人更多的羡慕甚至嫉妒。可是，为什么这次偏偏一反常态呢？难道真的是出于健康的原因吗？李清照平时对赵明诚十二分的信任，从不对赵明诚设防，也从不认为赵明诚有自己的思想或者感情金库。但是，这次，她怀疑了。

于是她盯住了赵明诚的公文包，三思之后，她果断地打开了它。

果然，她发现里面放着一式三份官员家庭及社会关系的公文表格。李清照展开表格一一审视，表格上的所有栏目都填上了，唯独岳父一栏空着，姨父一栏中也没了陈师道一家。李清照陷入了深深的沉思。面对表格，她止不住又一次泪流满面。她意识到，父亲的罪臣身份已经成为赵明诚避讳的问题，赵明诚不让自己抛头露面，很显然也是出于政治方面的原因。

当天晚上，李清照与赵明诚发生了婚后的第一次争执，但是，赵明诚一口咬定，他绝没有这个想法，甚至到了指天为誓的地步。李清照也不想戳破表格的事情，争执到最后也只能不了了之。

## 物非人非

李清照度过了她有生以来第一个闷闷不乐的新年。没有了无忧无虑的少女情趣，也远去了词女初嫁时的新婚燕尔。喧嚣的闹市，火爆的灯节，都流失在李清照的生活之外，日子过得平淡而乏味，只有远在家乡的父母小弟，才是她心中难忘的牵挂。不过，这平淡无奇，也给了李清照长久的思考，一种对命运的体认，一种对人生的反思，使她突然间成熟了起来，一种心灵的成熟，一种理性的成熟。

元宵之后，李清照提出回明水省亲，赵明诚全家都无可反驳地同意了李清照的请求。

于是，李清照打点行装，回到了久别五年的故乡。

李清照从京城为父母带回了他们喜欢的食品和衣料，也为小弟李迒带回了他喜欢的书籍，当然，还有居家过日子必不可少的银两。然而，在李清照的感觉中，这一切都显得没有力量、没有激情。除了亲人间在动乱年代久别重逢的沧桑感以外，京城中带回的这些物品似乎丝毫不能打动父母的心，他们表现得无动于衷，似乎根本不关心精美的衣食了。

为了陪伴父母渡过这一段人生的灾难，也为了调节自己病后的心绪，李清照与赵家商定，在明水住一段时间。赵明诚说，最多个把月，就会派人去接她。

李格非全家的日子也一样平淡无奇。一日三餐，布衣素食，地方衙门看起来无所事事，实际上还负责着对李格非的监管任务，他行动虽无限制，在政治上是不允许有任何动作的。他每天就是教李迒读书，教书之余，自己研究学问，正所谓两耳不闻窗外事，一心只读圣贤书。

赵明诚没有如约派人前来接李清照回京，对此，李清照不便对父母明说，只是在一个又一个失眠的夜晚，推测可能发生的一切因果。到第二天，太阳一出来，又用包装过的笑脸陪伴父母，看上去似乎什么事也没有发生。实在闲得无聊时，李清照就习字，在书法上下功夫，她的书法功底就是在这一时期突飞猛进的。

世界上永远都有不闲的人，或者说是闲不下来的人。玩政治的人就属于这一类。在李清照闲得无聊、等得焦心时，国家的政治形势却不断发生着重大的变化，对元祐“奸党”的打击也正在步步加深，逐渐地向基层扩展。

正月，蔡京担任了尚书左仆射兼门下侍郎，这个官名就是老百姓说的丞相。这意味着新的执政者的正式确定。

三月，皇帝下诏，所有党人子弟不得擅自进入或留居阙下，包括那些与党人关系密切的被罢免的臣僚，也不准进京。

这恐怕是赵家不愿接李清照回京的最重要的原因。党人子弟及所有受党争牵连罢职的臣僚，一律不准进入京城，这样的清洗在历史上也是令人发指的。在这种情况下，虽说赵挺之身居高位，可毕竟多一事不如少一事，谁又知道谁的乌纱帽什么时候就被皇帝夺回呢？

四月，皇帝又下诏，毁掉吕公著、司马光、吕大防、范纯仁等在景灵西宫的绘像；毁掉过去刊行的唐鉴，包括三苏、秦观、黄庭坚等人的诗文集，也都列入禁书之中。这种纯粹的政治行为，表明了朝廷的政治态度，要让元祐“奸党”遗臭万年，肃清他们在行政部门和教育部门的政治影响。

赵挺之这时得到进一步晋升，成为中书侍郎，即执政官。因为北宋时期，除了曹修之外，没有人真正拜过中书令，特别是元丰官制改革之后，是以尚书右仆射兼中书侍郎行中书令之职，别置侍郎来辅佐，这时的赵挺之虽不是宰相，却已成为仅次于宰相的官员，开始了“参议大政，授所宣诏旨而奉之”的政治生涯。

七月，蔡京因收复了湟州，加官三级；九月，皇帝又下诏宗室不得与元祐奸党子孙结为婚姻，并命令全国的监司长吏厅都要竖立“元祐奸党碑”，私下讲授奸党学术的，一律严惩不贷。

可见，一方面用洗脑子换思想的办法，让曾经说错话的官员限定时间纠正思想，表明政治态度，否则屏而不用，打击面之宽，祸及学术部门。一方面清除张商英这种混在新党队伍中的投机派。崇宁二年的清党斗争在步步深入，不断延伸。

李清照虽然和赵明诚有约，但因为政治形势日益严峻，回京的日期不得不一延再延，她与赵明诚就如同天上的牛郎织女一样难以相见，牛郎和织女在七夕还可以见面，一洒离别的辛酸之泪，可是她同赵明诚却连这个机会也没有。

到年底，费了好大一番周折，李清照才被接回京城。重新回到赵家大院，蜡梅又到了琼苞欲发的时节，繁密的花朵缀满了枝头，有的已经迎风怒放，有的依然含苞怀羞。已经开了的，温柔俏丽；含苞待放的，楚楚动人；二者自然地交织枝头，错落有致，别有情趣。初婚时全家人饮酒赏梅作词分果的欢乐场面清晰地浮现在眼前。公公的确是步步高升，应了当年的吉言，可是李清照一家却今非昔比，而且未来的日子，又有谁可以预料呢？

过完年，她回娘家的旧院中去看望仆人赵星，赵星已经不在了，整个院子空旷而落寞，寂静得让人心里发怵。枯叶萎缩在短墙根、房檐下，已经半腐为肥料，只有红梅初绽，默默怀念着旧日的主人。

## 长夜难明

一整个崇宁三年（1104），新旧党争的形势仍然是一边倒。但就其斗争的强度和范围来说，并没有实质性的变化，蔡京一党企图进一步巩固斗争的成果，坐稳自己的交椅。他们采取的措施是，继续限制曾经上书皇帝的邪派中人物不得擅至京师，把王珪、章惇也列为奸党，只是不将他们与元祐党人同等看待。到了六月，干脆把元祐、元符党人以及上书邪派等合为一籍，总共三百零九人，又一次刻石朝堂，其余的一并出籍。此三百零九人，被终身剥夺了政治权利，由宋徽宗亲自书写，刻石置于文德殿东壁。文德殿是百官朝见议事之所，在此置碑自然有镇压和警戒的双重意义。当然，在某种程度上，也表现了这一段政治斗争已是强弩之末，皇帝已经厌倦，不想再扩大了，到此为止。皇帝自己也说，从今以后不要再弹劾党人了，也就是说，三百零九人之外的官员，全都不是党籍中的人，从今以后，任何人不得再弹劾谁是党籍中人，想画个句号了。

与此同时，得势的新党弹冠相庆，加官晋爵，恢复名誉。

当年五月，由于在四月时收复了鄯州（今青海西宁）和廓州（今青海化隆西部），蔡京被任为守司空，封嘉国公，许将、赵挺之、吴居厚、安惇、蔡卞，都连升三级。六月，在显谟阁中为熙宁、元丰时期的功臣绘了图像，并让王安石配飨孔子庙，把王安石提到了亚圣的地位了。九月，赵挺之调任门下侍郎，吴居厚为中书侍郎。

在三百零九人的罪臣队伍中，李格非仍被列为余官第二十六名，刻石于文德东壁，看起来没有翻身的可能了。

从崇宁元年到崇宁三年的这一场声势浩大、旷日持久的政治斗争，是北宋历史上最黑暗的时期之一，这是蔡京一党打着王安石革新的旗号，对司马光等及其余党的政治报复，其范围之广，上自皇后大僚，下至县学师生，尽被卷入，使北宋的官僚队伍受到了极大冲击。党争之祸影响了后来相当长一段时期，其目的不是增加生产，富国强兵，而是打击异己，培植亲信。

赵挺之在这场党争中扮演了重要的角色，负有不可推卸的责任。但是，还不能把他同蔡京相提并论。蔡京崇宁元年拜相，赵挺之只是尚书省的副职，崇宁二年（1103）升中书侍郎，崇宁三年（1104）转门下侍郎，成为仅次于宰相的重要人物，说明他在党争中是青云直上的。

相反，李格非一开始就成为打击的对象。起初被调离礼部，提点京东刑狱，后来遣返回乡，削职为民。应该说，这种处罚并不是十分严厉，比远谪边关偏远瘴疠之地安置要轻得多。

其间，赵挺之的作用是不可抹杀的。一方面赵挺之在不危及自身时，对自己的亲家援手相助，这是人之常情，且赵、李二人并无私怨；另一方面，别人在处理李格非的问题时，也不能不顾忌赵挺之的存在。

陆

# 雪上加霜

# 又见曙色

崇宁四年（1105），无论对赵挺之、李格非，还是赵明诚、李清照，都是一个具有重要意义的年份。

正月，蔡卞被罢，就是个好兆头。蔡卞原任知枢密院事。其兄蔡京为相，为避嫌，蔡卞以资政殿学士知河南府。随后二月间以张康国知枢密院，兵部尚书刘逵同知枢密院事，蔡京的权力得到了一定的扼制。

三月，赵挺之升任尚书右仆射兼中书侍郎，与蔡京平起平坐，位极人臣，同时也开始了同蔡京之间的争权斗争。

五月，政治形势便出现了重大的转机，下令解除“党人父兄子弟之禁”。

这是对元祐、元符党人的第一次松绑。李清照可以名正言顺地住在京城之中生活，李格非也看到了黎明的曙光。然而，赵挺之因身体欠佳，也可能同蔡京已开始了政治上的掣肘，六月二十三日，便罢相休息，只留了金紫光禄大夫、观文殿大学士、中太一宫使的虚衔。

不过，对党人的松绑并没有停滞，七月二十二日，皇帝下令让因上书被流放边荒地区的官员都回归家园，“九月己亥，赦天下。乙巳，诏元祐人贬谪者以次徙近地，惟不得至畿辅”。如此看来，虽然大规模的彻底的翻案还没有出现，但形势已经发生了根本的变化，这对李格非来说无异于一次政治的解放、事业的新生。

对赵明诚来说，好事也接踵而来。党人之禁的解除，使他得以与李清照恢复正常的夫妻生活，到十月时，又因赵挺之的罢相，受到徽宗皇帝的格外恩赐，兄弟三人同时得到了美差。赵挺之罢相的理由是身体有病，其实，与蔡京意见不合，心情不畅，才是最主要的。皇帝自然也知道其中的原委，一方面不批准罢相的请求，另一方面，皇帝出于对赵挺之的信任、同情，把他的长子存诚重用为皇宫卫队的长官，次子思诚委任为掌管皇家文书的次长，赵明诚虽然没有进士出身，也被任命为掌管礼宾的副职。

由于赵思诚的特殊位置，赵明诚得以大量借阅皇家的图书秘籍，李清照整理金石书画的事业便重新启动，并以更大的热情投入其中了。

## 结交米芾

崇宁四年（1105）六月，赵挺之罢相，固然是鉴于健康原因，但与蔡京的矛盾已经比较尖锐，是其更深刻的内在根由。宋徽宗既不肯立刻放弃对蔡京的信赖，也不想放赵挺之外任，让蔡京肆无忌惮毫无顾忌地独揽大权。所以，劝阻赵挺之不要外调，给了他名分极高的虚衔——金紫光禄大夫、观文殿大学士、中太一宫使，让他留居京中。并且格外加恩，在生活方面倍加照顾，指示有司给了赵挺之一座非常宽敞豪华的住宅，地点在府司巷中。赵挺之派人略加修整装潢，便搬了进去。李清照和赵明诚也随之搬进了新居。

刚刚过了大年，正月初五，一颗巨大的彗星出现在西方的天空，它明亮而绵长的彗尾竟然占满了整个天空。玉帝震怒了，老天爷震怒了，人间的芸芸众生全都惴惴不安，连天子也诚惶诚恐起来，在见到扫帚星的第八天，便忐忑不安地搬到偏殿之中，用减少饮食的自裁秘方来求得上苍的宽宏，并且下诏广开言路，让所有的人知无不言，言无不尽，批评朝政的失误之处。

厚厚的阴云，聚集在东京城的上空，好像是天兵天将统领百万大军直逼汴京，真有黑云压城城欲摧之势。入夜之后，东京城几乎成了漆黑的世界，只有如豆的灯烛还在少数几处房间中打盹，街上能见度极低，没有一个行人。天空闷雷滚滚逼近，踏着暴怒的脚步进逼到皇城附近。几道电鞭划过之后，紧接着就是隆隆的雷吼。恍惚一个黑影在文德殿外迅急地闪了一下，在电火追逐这个黑影时，一切都隐而不见了。上苍更加愤怒了，它连续地划出几道刺眼的电光，用连珠炮似的重雷在大内上空轰炸起来，经过一阵电与火的碰撞，接踵而来的是一阵如注的暴雨，虽然时间不长，却有荡涤一切污垢、扫除一切妖孽的澎湃气势。

第二天，全城的人都缩头缩脑地探询昨天晚上到底发生了什么事情。不到半个时辰，一个令神州惊恐战栗的消息，从京城向四面八方光辐射般地传开了："党人碑被天雷击碎了！"

于是，胆战心惊的皇帝作了一个重大的政治决定：恢复被贬谪的官员的官籍，从今以后不准再弹劾所谓的党人之事。

正月十四，又一种奇异的天象出现了，太白星在白天赫然出现。于是，朝廷又立即作出了更加彻底的纠偏行动：大赦天下，去掉对党人的一切限制。三天后，又进一步强调：凡是崇宁以来被降职的官员，只要还活着的一律恢复官职，被遣发到边远地区的一律迁回内地。这样，崇宁以来这场残酷的党争算是最后结束了，对所有受到降职处分的人，死了的恢复名誉，进行抚恤；健在的委以官职，重新任用；所有被流放的官员，全部返回。

然而，李格非并没有因此返回京城，恢复原职。因为大赦令的实施细则中规定，健在的党人，原则上应在地方上重新安置，安置的标准是，重者不得到四辅，轻者不得至畿县，余官第三等以下的人，才允许回到京师。李格非具体在何处提举，史书没有记载，很可能在本县章丘就地安排了一个闲职。经历了这次政治风暴之后，李格非厌倦于宦海险恶，也无心进京重新搏击官场，而是领一份俸禄，从事学术研究，安度晚年去了。

崇宁五年（1106）二月初一，皇帝又下诏让监司条奏民间疾苦。二月初三，蔡京被罢去左仆射，授了他守司空、安远军节度使、开府仪同三司、中太一宫使的名誉官衔，又以赵挺之为特进、光禄大夫、尚书右仆射兼中书侍郎。

由此看来，赵挺之与蔡京真有势不两立的劲头。

蔡京的确是一个心怀叵测、善弄权术的奸相。他从崇宁元年（1102）七月任右仆射，在相位三年来，坏事做绝，恶贯满盈。他把所有的官员以所谓新法为分水岭，分为正邪两大派，大搞党争，从中窃取国家大政，因为上书进言而获罪者近万人，由此人人惊恐，不敢出口言政，堵塞了所有的言路，把皇帝彻底孤立起来。同时，他把原先不同中央部门的谏官合并为一个机构，从而阉割了相互监督的固有功能，把谏官都变成了哑巴。他还想尽办法拉帮结派，安插亲信，组成从上到下的统治网。一方面用国库中的钱财大量赏赐给亲近依附于自己的人，另一方面又设置四辅，把自己的嫡系人员安插于其中的要害位置。让一个儿子整日陪着皇帝吃喝玩乐，又让另一个儿子担任皇帝卫队的统领，由此把皇帝的一举一动都置于自己的监视之中。他打着三代祖宗家法和熙宁元丰新法的旗号，逼迫皇帝听从自己的政略，又常常请皇帝下御笔，以此打着皇帝的招牌弹压百官，凡是成功的胜利的事情，就宣传说是自己出主意让皇帝干的，凡是失误的弄糟的事情，则把责任推到皇帝身上。他对百姓则极尽搜刮之能事，不断玩弄盐法、钞法，朝令夕改，让商贾和百姓怨声载道……

对于蔡京的所作所为，赵挺之早在担任门下侍郎的时候，就经常向宋徽宗密告，宋徽宗在继续重用蔡京的同时，对赵挺之采取了鼓励、提拔的政策。在党人碑被毁之后，不到半个月之内，宋徽宗把蔡京的一套政策全部予以否定推倒，并专门下诏给赵挺之："可于二十一日来。"

正月二十一日，宋徽宗单独召见了赵挺之。

赵挺之向徽宗行过大礼，徽宗龙颜大悦，微笑着对赵挺之说："赵爱卿，你我今天是私会，不必拘礼，请坐下说话。"赵挺之谢过龙恩，便陪坐在徽宗右正侧。徽宗屏去左右，直截了当地开了正本："赵爱卿，蔡京的所作所为的确就和你以前跟我讲的一样。这么长的时间久旱不雨，如今，蔡京刚提交辞呈，上天立刻普降春雨，真是天若有情天亦喜啊。"

"上苍降雨，乃是陛下福分。举国万民，都得到了陛下的洪恩沐浴，今年夏粮有望获得丰收，秋作物也因此可以顺利下种，这场雨的价值的确是难以用金钱估量的。"

"蔡京让他的儿子担任亲卫郎，企图每天监督我的一言一行，如今我已经把他撤换了。"

赵挺之语气坚定地回答："陛下明察秋毫，及时洞察到蔡京的险恶用心，英明果断，这是普天下百姓最大的幸运啊。"

徽宗皇帝又同赵挺之商量眼下应该办的几件大事，赵挺之一一表述了自己的看法。最后，他非常诚恳地对皇帝说："我衷心希望陛下下不失百姓之心，中不失士大夫之心，外不交兵于夷狄，唯此三者，最为急务。至于科场之事，我曾经当过十三年的教官，两次出任国子监的司业，推行元丰之法，无不备至，没有听说废掉科场的提议。如果要废掉科场，请陛下物色一个更得力的人。臣以为，把姓名密封起来进行考试的办法，是最公正的。"

宋徽宗听了赵挺之的话，连连点头称是，大有肝胆相照、君臣相得之感。于是在宣布蔡京罢相的同时，就宣布赵挺之复相。

赵挺之复相，是赵家的头等大事，全家上下都有一种难以抑制的兴奋，亲戚朋友登门庆贺，每日门庭若市，熙熙攘攘，虽说京城的早春二月仍是冻土始解，寒风料峭，而丞相府中却是春光融融，充满温馨。在这一片喧哗中，唯独李清照表现得沉静而清醒。党争的阴影还没有从她的心头彻底退去，父亲的问题也没有得到彻底解决，特别是李格非不求复职但求太平的大彻大悟，也使她的心境日趋淡泊，和她的年龄相比，未免显得过于老成和清醒。

昨夜，因为客人太多，李清照休息得相当迟。早晨醒来，觉得困乏未解，又迷迷糊糊沉入梦的仙境。随着清脆悠扬的晨钟，她登着云霞飘然而行，遇到了早已心仪的安期生，并由他引见与萼绿华相逢。秋风吹来，莲花纷纷凋谢，仙界的莲藕像小船一般硕大，红枣长得也像冬瓜一般。她和众仙人谈笑风生，智慧的妙语层出不穷，那旺火烹出的茶叶更是清芬入脾。虽说不是开疆拓土、勒石而归，可那份喜悦的确难以自持，人生如果能这样生活的话，又何必回到人间呢？她正这样想着，突然一阵喧哗把她从梦中仙境揪回世俗的人间，使她感到无限怅惋。

人的思想和行为往往是矛盾的、分裂的，即使极有主见的人也很难完全统一起来。梦中的仙境是李清照向往的生活方式，清闲飘逸，还有点旷达包含其中。然而，梦醒之后，又立刻回到世俗的人间，她对枯燥艰深的金石文物书画的研究，依然兴趣有加。在这期间，最值得一提的是他们同米芾的交往。

在亲朋共贺赵挺之复相的贵客中，有一位与众不同的官员，他就是米芾。当时，赵存诚为了避嫌，已转官了，赵思诚和赵明诚原职未动。朝廷中的绝大部分官员，或出于真诚，或出于礼节，或出于惯例，或出于窥探虚实等种种不同的目的，都到赵家来庆贺，赵府门前，车水马龙，贵客络绎不绝。这成为赵家三兄弟交结权贵，疏通关系，开展外交活动的好机会。赵挺之向三个儿子暗示过此事，三个儿子也就心领神会，按照自己的职能需求和发展方向，有意识地同有关权贵接近。那些被接近的人自然也是求之不得，因为接近公子就是接近丞相。赵明诚也趁机打起自己的小算盘，他想利用这样的天赐良机，服务于自己的金石之学。

暖烘烘的太阳照在窗纸上，风儿不起，鸟儿不惊。李清照不想过多参与这种喧嚣的宴会，她正在房中研究《隋周罗睺墓志》，吸引她的不是墓志的内容，而是它的书法，然而，这一拓片缺少落款，为了弄清它的题字者，李清照拿出了八种与这一件书法作品字体相近的作品，正在仔细地进行比较研究。但是因为学书的人，大都出于同一门户，许多字的写法极其相似，因此要分辨清楚没有落款的作品系何人所作，并不是一件容易的事。

忽然，赵明诚引进来一位官员，李清照立刻起身热情接待。

这位官员没有一点官架子，他没穿官服，身着黑绸长袍，扣子只随便地系了一两个，脚蹬黑布鞋，两只鞋的后跟都没有拾起来，就跟现代人穿着无跟的拖鞋一样，手里拿着一把精制的小茶壶，一面说话一面喝，也不管别的客人用不用茶壶。他年纪大约五十六七，目光炯炯有神。赵明诚告诉李清照，这就是大名鼎鼎的书法家米芾。三人说了一会儿闲话，谈论的内容立刻转移到书画金石鉴定上。李清照抓住机会，对米芾说："请博士先生帮忙鉴定一下这幅《隋周罗睺墓志》的书写者，不知先生可肯赐教？"

"哈哈哈哈，你干脆就说想考考我，岂不直截了当？"

"岂敢，岂敢！我的确是难下结论，才斗胆向先生请教的。"

"那么，你认为可能是谁的呢？"

"你看，我这里摆了八件作品，正拿不定主意。"

"八件不算多，这范围不算大。这八件中你认为最像谁的？"

李清照不敢贸然回答。米芾说："你不肯直说，我也看得出来。你分明把它同《元长寿碑》并放在一起嘛！"

"可是，我不敢下结论呀。"

"哈哈哈哈，我和你一样不敢下结论。敢下结论的是书法自己，我们还是让它自己证明吧。"米芾回视了一下赵明诚，问："你这里还有没有欧阳率更（即欧阳询）的其他作品？"

赵明诚立刻恍然大悟，拿来目录进行检索，然后在他的藏帖处找到了一幅《姚辨墓志》，恭敬地递给米芾。米芾仔细地审视了一番，然后对李清照说："这下可以下结论了吗？"

李清照说："我看可以了。这三幅作品中的'墓''志''立''元''克''奇''张'等字，写法完全相同，整个作品的风格也极其相似。"

"你真不愧是才女啊！一点即通。遇到此类问题，最好的方法，就是多找几件同一个人的作品进行比较，看它们共含的字的习惯写法是否相同，特别是比较那些与一般人的写法有细微差别的字。只可惜你是个才女，不是才男，不然，我可以收你为弟子。"

"才女不敢当，可是弟子非当不可！"

"好厉害，你很健谈啊！这样看来，赵老弟平日在家怕是常受委屈吧？"

大家又是一阵朗笑。李清照赶紧抓住机会，示意赵明诚："还不把蔡大师的真宝拿来，让米先生题签，这可是千载难逢的良机啊！"

"啊！你们家还有这么贵重的东西？"

赵明诚到精品柜中去取当时的大书法家蔡襄的《进谢御赐诗卷》。李清照借这个空隙让米芾明确表态："米先生，我从来不面奉任何人，但我不能不承认事实。你是当朝著名的大书法家，也是著名的鉴赏家，请你给这件作品定个音，到底是不是欧阳率更的作品。”

米芾非常肯定地说：“刚才我们已经从字形、手法、款式、风格等方面作了一番比较，我看可以断定。你家少监的眼力是可信的，你应该充分地信任他。”

这时，赵明诚拿来了《进谢御赐诗卷》，听到米博士夸奖自己，嘴上说不敢当，心里却是美滋滋的。

三人又一起鉴赏蔡襄的书法，李清照很懂得抓住这种难得的机会，向前辈名家学习。指点赞誉之后，米芾用他少有的沉静说：“屈指算来，蔡学士过世已是整整四十年了。我十几岁时，就非常喜欢他的书法，景仰他的艺术，但是一直无缘得到他的真迹。这幅作品，我在翰林院见过石刻，到现在也快四十年了，今天能够在此目睹真迹，真是莫大的喜事，比驼蹄熊掌、龙胆凤髓不知要强多少倍。你们看，蔡学士的确不愧为大家，这种温淳婉媚的风格独树一帜，浸透着虞世南、颜真卿和晋人的风韵，让我辈自愧不如呀！”

李清照接过话茬说：“米先生太谦虚了。目下，国人异口同声把你和蔡襄、苏轼、黄庭坚并称为国朝四大家，你的行书、草书、山水，已经成为无价之宝，你的儿子友仁也已名声大振。今天，我可是把你赖住了，你看了我家的墨宝，必须付出高昂的代价，不然的话，不让你出门！”

“哈哈哈哈！”米博士又是一阵高声朗笑，然后说：“厉害，厉害，难道你要脱了我的衣服鞋袜不成？我可是一无所有啊！”

李清照一看有戏，赶紧催促赵明诚：“还不笔墨侍候！”

于是，赵明诚捧砚，李清照研墨，米芾题签，他说：“今天为才女所逼，愧对前辈了。”

米芾的题跋很务实，他写道：

芾于旧翰林院曾观石刻，今四十年，于大丞相天水公府，始睹其迹。书学博士米芾。

李清照虽然见过许多名家书法真迹，却没有见过书法大家泼墨写字，今天一瞧米芾题跋的风采，眼界大开。米芾停笔收墨，又全神贯注地看起蔡襄的书法，他问赵明诚：“赵少监，蔡襄书法存世者有限，不知你这墨宝从何得来？”赵明诚说：“这是家父的，因我喜欢文物金石，拿过来注录，尚未送回。实不知物之所来。”正说话时，外面有人大声叫唤：“米颠，米疯子，丞相有请。”米芾说：“老冤家来了，二位留步，老朽告退。”李清照和赵明诚客气地把米芾送出门外，一起欣赏起米芾那“风墙阵马，沉着痛快”的峻迈书法来。

# 家族地震

我们都知道，宋徽宗书画水平不错，行政能力不行。可在当时，他却是国君，宋朝必须得听他的。而大臣包括宰相，不过是他脚下的奴才、掌中的玩物罢了。

赵挺之复相，宋徽宗并非对他完全相信，虽然没有设左仆射，却有一个刘逵担任着中书侍郎，实际上仍是委政于赵、刘二人。刘逵为人锋芒毕露，略无藏府，甚至连皇帝的话都敢不听，自己认为对的，方才实行。比如陛下要确立教养升贡之法，而刘逵对此非常反感，竟然把诏令扣留了半个多月，而不是立即奉行；陛下要消除邪说来正人心，刘逵竟然拿来推广元祐学术；陛下厌恶以朋党来区别官员的好坏，然而刘逵提拔的人全都是党人的子弟；陛下要惩治那些诋毁污蔑祖宗的人，刘逵却拔擢那些上书邪等的人；陛下要表彰先烈志士，刘逵却借此推翻更改熙丰时期的法令。

赵挺之对刘逵是了解的，于是常常利用刘逵，把他当枪使，来达到自己的目的。许多事情都是暗中启发开头，而由刘逵出面。没过几个月，宋徽宗觉得刘逵太专横跋扈，便在崇宁五年（1106）腊月把刘逵外放亳州知州。

赵挺之复相后，未能在组织上进行强有力的改组，知枢密院事张康国、门下侍郎吴居厚、尚书左丞何执中、守尚书右丞邓洵武、馆伴蔡卞等都是蔡京的嫡系同伙。

崇宁五年（1106）三月，赵挺之对宋徽宗说："自古乱臣，对下必然与百姓结怨，对外必然起兵四夷，乘乱而行其奸计阴谋。现在陛下把前一时期的政策尽行废止，对当时当政用事的人颇有得罪，所以他们想挑起战乱来达到自己的目的。"当时，正是宋徽宗准许还"西人元符三年已复所侵西戎之地"，又许西人纳款之时，而蔡京和张康国正欲在西北地区交兵。于是张康国、吴居厚、何执中、邓洵武，一齐极力在徽宗面前陈说西人的贪得无厌，同赵挺之开始了半公开的斗争。

到了宋徽宗对刘逵表示厌恶之时，这些人又合力张本，说刘逵的那些行事和主意，都是赵挺之的花花肠子，大肆为蔡京美言，于是宋徽宗又倒向宠蔡，在大观元年（1107）正月初七，恢复了蔡京左仆射兼门下侍郎的相位。

这一天，六十八岁的赵挺之散朝回来，显得有些疲惫不堪。他下了轿子，拖着沉重的脚步回到正厅。

存诚、思诚和明诚，早就把消息透露给了郭氏。郭氏和三个儿子、儿媳、孙子、孙女都等候在大厅之中。要在往常，孙儿们早就围了上去，今天，都被各自的父母拴住了。赵挺之就座后，环视了一周，很平静地说："不要拘禁孩子们，事已至此，大家可以谈谈自己的看法。"比较小的孩子们又拥向赵挺之，赵挺之抱起最小的男孩子，听着大家的意见。

大家的意见很不一致。思诚和明诚以为，应该坚持干下去，既然皇上已经扶起了蔡京，就不可能立刻撤换，即便再次出现星变，也不一定会罢相。大家都是为皇上负责，同朝共事，各自坚持自己的立场，不同流合污也就对得住良心了。这样全家的地位不至于会受到影响。郭氏和存诚则认为，不能同蔡京同朝共事，政敌本来就水火难容。蔡京为人奸诈，挺之虽然多智，难防他步步设陷，事事要鬼。皇帝起用蔡京肯定是听了蔡党的谗言，如果我们没有表示，实际上等于默认，这种事情又无法当面解释。不如有所表示，让皇上自作考虑，或者急流勇退，待机再展宏图。

赵挺之听了大家的意见，略作沉思，开了言："我已经六十八岁，说实在的，已不足惜。我想得更多的，还是你们的前程。眼下你们虽然职位都已不低，但是，如果我退下来，你们的前程令人担忧。政治斗争是残酷的，体面下台，往往求之不得。一旦指为犯官，其结果不言而喻。上意既然已经转向蔡贼，实难立刻扭转。皇上是不会容忍左右相长期意见相悖的。所以，看起来，我是下也得下，不下也得下，只是时间问题了。关键是如何下。这样看来，自然是体面地下要好一些。所以，我准备最近递交辞呈。你们要尽心尽责，为皇上服务，态度切切不可表现过激，否则后果不堪设想。”

三天后，赵挺之呈上了因病辞退的奏疏，而事态的发展出乎赵挺之的意料，已经到了赵挺之无法控制的地步。正月十五，吴居厚请老，罢门下侍郎，但所赐方团带和官服明令不收，象征着其政治地位犹存。正月二十五，何执中、邓洵武、梁子美分别晋升为中书侍郎、尚书左丞、尚书右丞。蔡京的势力大大增强。

宋徽宗拿上赵挺之的辞呈，沉吟未决。他抓不住赵挺之的错误，也无法容忍左右丞相相互掣肘，想起“疑人不用，用人不疑”的古训，决定先行挽留，实在不行，只有舍赵用蔡。赵挺之在何执中等人升迁之后，已经明显感到自己再无法有所作为，精神一天天衰败，身体也一天天变坏，明知皇上挽留不过是做做样子，还不如留点骨气，干脆拒绝，也不上朝了。到三月初十，终于被罢。

赵挺之听到被罢的消息，就像泄了气的皮球一样，心里突然松弛下来，感到浑身无力，只想卧床休息，茶饭不思。

晚上，全家人都围坐在赵挺之身边，赵挺之逐一细细审视每一个家庭成员，顿感到一阵阵心灵的安慰。他问三个儿子：“事已至此，其实也是预料之中的事。朝中人事如何安置，你们要如实相告。”

三个儿子相互对视了一阵，还是长子存诚开了口：“皇上已同时任命何执中为门下侍郎，邓洵武为中书侍郎，梁子美为尚书左丞，朱谔由吏部尚书升任尚书右丞。”

赵挺之听罢，长叹一声：“国事几不可收拾矣！”然后就一声不吭了。

常言道，祸不单行。挺之此次罢相，与上次大不相同。虽然时隔不到两年，形势却发生了很大变化。上次完全是自动求罢，还留着与蔡京一决雌雄的资本。所以，皇上不仅提拔了三个儿子，还赐第留职。这次虽说也是主动，但不如说被逼无奈更合适。再说自己年事已高，而蔡京才刚刚六十岁。他悔恨当政之时没有下毒手置蔡京于死地，结果让中山狼又猖狂起来。但这种话是不能对任何人讲的，只能窝在心里。因此他的病情一天天加重了。

李清照在赵挺之患病之初，常常陪侍左右，汤药从不让仆人服侍，而是亲尝汤药，精心照顾。两个嫂子，虽也常常过来探望，但是因为有孩子拖累，总觉不便，更不能让孩子们干扰赵挺之的休息。所以，服侍赵挺之的重担主要落在李清照身上。赵挺之几次想对李清照说什么，但话到嘴边，又收了回去，每次总是欲言又止。

三月二十六日，赵挺之命归黄泉。临死之前，赵挺之非常清醒，他把儿子儿媳、孙子孙女，都一家一家叫到跟前作了吩咐。唯独李清照和赵明诚是单独作的遗嘱。他对赵明诚说：“过去因为你把过多的精力放在金石文物之上，我对你很不满意。如今看来，这也未必是坏事，宦海风云，难以预测，两条腿走路，搞点学术，也无不可。你又有一个贤内助，清照可以帮助你做许多整理研究方面的事情，将来如若发生不测，可以携文物回青州故居继续从事收集研究，这是第一件事。第二件事是，你至今没有孩子，这事我一直很担忧。可以请医生看一看，或者采取别的方式。以后什么时候有了孩子，要在家祭时告诉我。”赵明诚早已泣不成声，不断点头，红着眼睛出了卧室。

赵挺之传李清照进去，让李清照坐下，混浊的目光对着李清照，声音已经很低沉：“清照，在你们三妯娌中，你是才学最高、涵养最大、能力最强的一个。我对你有点希望，不知你可否答应？”

李清照此时才真正感觉到，人之将亡，其言也哀。她眼圈发红，鼻子发酸，不假思索地说：“公爹有何吩咐，尽可讲来，清照自当承担，决不使公爹留下遗憾。”

“第一件，是请你原谅。在你父亲的事情上，我未能帮上大忙，但形势如此，我实在难以为助，许多事情并不是我说了算。此事你可能谅解？”

“公爹，我的父亲被列余官第二十六，没有远窜岭南塞北，已是万幸。清照何怨之有？请您老人家放宽心，我对此真的并无怨言。”

“我不能不让你怨，只是求你谅解。第二件，你的才学、见识，都不次于明诚，往后里里外外要对明诚多帮助，多原谅。”

“公爹放心，明诚如今已是少监，我只是一个普通的家庭妇女，我们会互相谅解，互相尊重，和睦相处的。”

罢相后半个月，赵挺之猝然长逝。这对赵家而言无疑是家族地震。赵挺之病重期间，家里就忙起来了，赶制棺木，预备冥衣，勘测安葬之地，定穴挖土，预订僧道，布置灵堂，安排总管总理葬事，一切都在悲怆的气氛中紧张有序地进行。赵挺之逝世后的第二天，赵存诚三兄弟指使总管，将一切闲杂人等别院安置，只留赵挺之生前的贴身侍卫八人在灵堂之外守护，灵堂内只有郭氏、三兄弟及三妯娌、妹妹和妹夫九人，等待着一个肃穆而庄严的时刻。李清照跪守在灵堂中右边第四位。

辰时正，三声锣响，侍卫队全部撤换退到别院，宋徽宗的侍卫二十四人迅速在灵堂门外布下岗哨，几分钟后，宋徽宗带着蔡京等一班朝廷重臣来到了灵堂之中。赵存诚和郭氏带领男女两队家眷恭恭敬敬地行了大礼。徽宗皇帝接了大太监点燃的四炷香，插在兽鼎之中，为故相赵挺之行了注目礼，蔡京代表群臣焚香跪拜。徽宗走到赵氏跟前，询问赵挺之临终病情，丧葬困难，表示哀悼之情，并且当场表态：“为了表彰赵挺之生前的功绩，特意赠封为司徒。丧礼照我朝规定标准办理，由国库支付。”蔡京等唯唯称是。

郭氏跪谢皇帝龙恩，并抓住这个千载难逢的良机，壮着胆子请求说：“臣妾有个小小的请求。”徽宗皇帝不觉一惊，显然对郭氏的请求感到意外，但立刻镇定下来，回答说：“但讲无妨。”

“我们希望赐封的谥号中能有一个‘正’字。”郭氏语气哀婉，吐字清晰，显得非常从容。

宋徽宗不假思索，立刻顺口回答：“待理会。”

蔡京的眼神中露出了狰狞的得意。郭氏、三兄弟和李清照三妯娌立刻瘫了下去。

送走徽宗和众位悼亡大臣后，灵堂内一片捶胸擂地、痛裂肝胆的失声号啕……

谥号封下来了，名曰“清宪”，宋徽宗最终不肯将“正”字安在赵挺之头上。赵挺之生前就给郭氏和家人讲过，凡是徽宗不同意的事情，总是说“待理会”，“待理会”表面上是说商量一下再说，实际上就是不同意！这是一个危险的信号，至少说明皇帝不会死保赵挺之。

# 铁窗炼狱

葬礼之后只三天，灾星便降临到了赵挺之家中。

首先，追回了赵挺之特进、赠司徒的职衔，只保留了一个观文殿大学士。原先赵挺之从密州徙居青州时，蔡京的党徒就告发他在地方的违法行为，说他交结富人。赵挺之死后，这桩案子又旧事重提，立案调查，命令京东路都转运使王敷等在青州审案，拘捕了涉案人员，让开封府抓捕在京的赵挺之的家属和其他相关人员，严加审问。因为没有确凿的证据，最后没有办法定案。这时，两省的台谏又一起交章论列，说赵挺之是受到元祐大臣刘挚的举荐才得到重用的，所以，当政时竭力庇护元祐奸党。

可以看出，在赵挺之尸骨未寒之时，蔡京便以迅雷不及掩耳之势，对赵家施行毁灭性的打击。蔡京是这一报复行为的幕后总策划。他指示其同党，诬告赵挺之几十年前在青州时交结富人，由御史提出公诉，为此下令在青州和京师双管齐下，把有关人员拘捕入狱，用尽各种办法严刑逼供。但最后调查的结果却是子虚乌有。能够抓到的把柄，是赵挺之执政期间有少量的俸余钱。当案情呈给皇帝时，两省台谏又不遗余力地从政治上攻击赵挺之，说他本是由元祐党人刘挚提拔推荐的。于是，皇帝把所赠的司徒收了回去，并削掉了他观文殿大学士的名头，赵挺之成了一名犯官。

政治斗争有时是很难说得一清二楚的。作为政敌，往往只是攻其一点，不及其余，以打倒对方为目的，而不是要澄清事实。赵挺之积极支持过王安石的新法，同黄庭坚等人发生过激烈争论，也曾被郑雍、杨畏等人列入元祐党人刘挚一派的三十人名单之中。他受过苏轼的排挤，也两次弹劾过苏轼，蔡京打击元祐党人时，他担任要职，不断攀升，又同蔡京产生了深刻的矛盾，最终到了你死我活的地步。

政治往往是一本算不清的糊涂账。不过这一次赵家的确是失败了。首先，赵挺之的去世，必然导致三个儿子卸任守制。其次，公诉之事虽然有惊无险，但赵家人毕竟经受了一次监狱的折磨。经济上没有多少把柄，政治上却成了犯官，蔡京的目的算是达到了。

出狱之后，赵家人都觉得非常丧气，在赵挺之的坟前大放悲声。回到家中，赵明诚同李清照进行了长时间的交谈。现在的赵明诚，再不是气宇轩昂的贵公子，也不是踌躇满志的太学生，再不是少年得志的秘书少监，也不是炙手可热的宰相之子，而是一个犯官家属、平头百姓。

七月的京都，热浪难挡，蝉鸣一片接着一片，交织出夏日的大合唱，声嘶力竭而又震耳欲聋，使人的心情变得更加焦躁不安。

赵明诚坐在桌子旁边，李清照坐在床沿，谈话进行到了最关键的时刻。

“清照呀，宦海无常，家族不幸，让你也跟着蹲了一回大狱。我心里真的觉得很内疚，很惭愧……”

“德甫，你不必这样。我是你的妻子，是赵家的媳妇，蔡京把淫威之刀架在赵家人的头顶上，你们坐牢在劫难逃，我蹲大狱也天经地义。我们本是一条藤上的瓜呀，一荣俱荣，一枯都枯，谁能离得开谁呢?”

赵明诚突然想起前几年李格非被遣返时的情形，想起李清照在明水避难时无援无助的呼救，想起自己当时盛气凌人甚至有些嫌弃李清照的恶劣态度，觉得自己突然变得渺小了许多，可怜了许多，他鼻子有点发酸，一时哽咽，竟然说不出话来。过了片刻，他才接着话题往下说：“往后的日子，我实在难以料想。家道中落，蔡贼仍虎视眈眈，贼心不死。我实在不知道什么时候才是出头之日……”

“夫妻本就是心与心的相依，常言道患难识真情，日久见人心。婚姻不是做买卖，也不是逛勾栏，想合就合，想散就散。

你要是当了乞丐，我挎着篮子跟在你后边。你要是当和尚，我就去当尼姑，对此，请你一万个放心。”

“可是，这……这……这太委屈你了。依你的才貌，你应该有更华贵的生活。”

“谁让我当初选择了你呢？德甫，我们两家经历了这么多的事变，我们的心都应该平淡一些，成熟一些，过日子，富贵和贫困都是没有限度没有标准的。只有心与心的相知，才是最高的幸福。每个人都想过好日子，但许多事情并不是由着我们自己，我们既不能力挽狂澜，又不能扭转乾坤，只要做到随缘，也就心安理得了。”

“清照，你的心胸比我宽阔，心态比我成熟。如今看来，落职和守制互相交缠，京城又是是非之地。这么多年来收藏的金石书画在蔡京眼皮底下，不如离他远一点安全。所以，我想回青州老家暂住，等待时局的变化，不知你……”

“很好。你到天涯海角，我陪你走到海角天涯，我们永远在一起……”赵明诚和李清照紧紧抱在一起，他们都感动得泪雨滂沱，结婚十年第一次这样惊心动魄地痛哭长泣……

柒

# 青州十年

## 乡居青州

赵明诚和李清照主意已定，便去同郭氏和二位兄长商量此事。郭氏说："这样也好。存诚和思诚留在京中，为你们的父亲守丧，城中的各种关系也不能完全放弃，如果放弃，对我们赵家是非常不利的。明诚和清照想回青州去，正好青州的房产也需要有人照看，地方上的关系也不能全忘。案子虽然是结了，后面的事情还很难预料，我们也得留着一条后路。你们回去要注意同当地官府乡绅搞好关系。这次打官司，青州方面的人没有亏待我们，更没有落井下石，是有良心的。眼下，还在守制期内，等过了这一段时间，如果有什么出仕的机会，我们会及时为你们疏通的。"

存诚、思诚也都表示同意。大家商量一番之后，决定先派两个家仆回去，同留守在青州的人接头，收拾房舍。明诚一行抓紧时间打点行装。属于明诚的金石书画，全都带走，赵挺之留下来的文物，也绝大部分带回，权属关系不明确的，由赵明诚暂时妥善保管。一般的文物，家仆先行时能带多少带多少，其余的由明诚携带。过了八月十五，即刻启程。

一切都按计划紧张有序地进行。中秋之后，李清照和赵明诚一起，带着几辆车的珍贵文物，向青州一路进发。李清照心中很淡然，却也不免涌动着无限凄楚。她想到少女时的热切向往，想到第一次进京的喜悦和新奇，想到与父母痛别虹桥的大悲大恸，也想到党禁稍松时明诚在虹桥迎接她的百感交集，如今要离开自己生活了将近十年的京华，以后还不知道是否有缘再回到这一片土地，泪水禁不住在眼眶里打转。郭氏领着全家把明诚和清照一直送到虹桥，才恋恋不舍地挥泪相别。

李清照一行经曹州、济州、兖州，一路向青州进发，九月初来到了第三故乡青州，从此开始了漫长的乡居生活。

## 斗茶猜书

李清照和赵明诚回到青州故居后，先期回家的仆人已将房舍收拾整洁。李清照和赵明诚住在了“归来堂”中，赵挺之早年曾在青州为官，看中了这一块宝地，因此在青州建起了具有相当规模的宅院，并名其堂为“归来堂”。夫妻二人对文物的存放地点作了一些调整，确定了按金、石、书、画分类保存的基本格局，安顿好后，随即投入了一心一意从事文物研究和文学创作的情趣之中。

这时青州太守黄裳送来帖子，请赵明诚到衙中一叙，为之接风洗尘。明诚犹豫不决，李清照说：“德甫，不要顾虑太多，既是人家善意相邀，不可轻易拒绝，也不可有矮人三分的感觉。再说，我们应该同地方官府保持良好的关系。”赵明诚一听在理，便应邀赴宴去了。

赴宴归来，正是夕阳衔山时分。明诚一进正门，就看见李清照在自斟自饮，低声吟诵陶渊明的诗句：“引壶觞以自酌，眄庭柯以怡颜。倚南窗以寄傲，审容膝之易安。园日涉以成趣，门虽设而常关。”赵明诚一听，兴致顿起，在厅内和着李清照一齐吟诵了起来：“策扶老以流憩，时矫首而遐观。云无心以出岫，鸟倦飞而知还。景翳翳以将入，抚孤松而盘桓。归去来兮，请息交以绝游，世与我而相违，复驾言兮焉求？悦亲戚之情话，乐琴书以消忧。”

两人不约而同地相视而笑，一同坐下品茶。赵明诚说：“可惜这里没有孤松可抚，也不能交于官场友人。”李清照说：“正如陶渊明所说，‘结庐在人境，而无车马喧。问君何能尔，心远地自偏’。真隐士不一定非要到深山峡谷中去，主要是看人的心境。我觉得‘倚南窗以寄傲，审容膝之易安’这两句就很符合我们现在的心境。我有个想法，就把我们的卧室称为‘易安室’吧？”

“好一个易安室，好名！干脆，你就叫易安居士吧？”

“当然，这个名字我早就占住了。”李清照略加思索，闪着狡黠的目光问赵明诚，“德甫，你知道东坡居士是如何评价陶渊明的吗？”

“怎么，想考我呀？让为夫给你慢慢道来。”赵明诚呷了两口茶，接着说，“苏东坡写了和陶诗一百零九首，他是最喜欢陶隐士的。‘质而实绮，癯而实腴’是他对陶诗的最高评价。比如‘山气日夕佳，飞鸟相与还。此中有真意，欲辩已忘言’‘狗吠深巷中，鸡鸣桑树颠’‘气变悟时易，不眠知夕永’‘晨兴理荒秽，带月荷锄归’‘死去何所道，托体同山阿’，等等，看起来明白如话，不须作任何解释，可是它所包含的丰富韵味却非常浓厚，有时几个人一齐探讨，也说不尽它的意蕴。不知夫人可有什么更高妙的见解？”

李清照不慌不忙地说：“我看，你还是只知其一，不知其二，不过是半瓶子醋，乱晃荡。‘初视若散缓，熟视有奇趣’，才是苏东坡揭示陶诗的秘密所在。苏轼之所以大和陶诗，主要是看重陶渊明的人格。他人微言轻，生活平淡，却能恪守做人的准则，耿介超拔，不随流俗，这才是最值得看重的。正所谓‘才高意远，则所寓得其妙，遂能如此’。要想做真诗人，首先要做真人。‘日入室中暗，荆薪代明烛’，张扬的是诗人与农家亲密无间的贫贱之交；‘敝庐何必广，取足蔽床席’，歌颂的是安贫守俭的生活作风；‘众鸟欣有托，吾亦爱吾庐’发表的是物各有主的哲学见解；‘通子垂九龄，但觅梨与栗’，赞美的是质朴真挚的父爱深情。不了解诗人的价值观念，不研究诗人的内心隐秘，是读不懂诗人，也读不懂他的诗的。”

“夫人宏论，真有压倒须眉之势。不过，我问你，你不是苏东坡，怎么能知道苏东坡的这一段话比我引的那一段话更深刻呢？”

“你不是我，又怎么知道我不能知道呢？”说到这里，二人又同时笑倒在了一起。

屏居青州，虽然生活不如京中富贵，但是赵明诚和李清照的感情却弥合到了非常和谐的境地。打击元祐党人期间，两人产生的微妙的感情裂痕，在逐渐修复改善。特别是赵明诚，有一种患难识真情的醒悟，对自己曾经偶然涌起的二心进行了深刻的内省，对李清照心甘情愿跟着自己到青州过这样平淡无奇的生活感到莫大的感动。他们在一起校勘图书，考证版本，整理题笺。得到好的书、画、彝、鼎，就喜不自胜地摩玩舒卷。

李清照感觉自己有超强的记忆力。这一天，吃过午饭，夫妻二人坐在归来堂中，品茶聊天。李清照漫不经心地说：“夫君，咱俩玩个游戏，怎么样？”

“什么游戏？”

“面前这一堆书籍，我们来指认某一件事记载于哪本书、第几卷、第几页、第几行，回答正确的为胜，谁赢了谁优先饮茶，谁输了就喝剩下的茶。怎么样？”

“没问题，一言为定，谁怕谁！”

《左传》《国策》《史记》《汉书》《诗经》《楚辞》，几个回合下来，赵明诚记忆的精准度完全无法与李清照同日而语。记忆力自愧弗如，喝茶却不能甘拜下风，男人的蛮横无理便瞬时发泄，两人免不了抢夺茶杯，以致茶水撒了满怀。这时，两个人便不由自主举杯大笑不止。

李清照对书画文物的痴迷，让她与普通女性的爱好追求大相径庭。在生活中，她吃饭，家里没有两种不同的肉；她穿衣，同样色彩的衣服绝没有第二件，所谓食去重肉，衣去重彩。她的头上没有明珠翡翠之类的饰品，房中没有涂金刺绣的用品。所爱者只有书画文物，家里桌子上、椅子上、条案上，到处罗列的都是书画文物，李清照枕席枕籍，意会心谋，目往神授，得到的快乐是声色犬马无法比拟的。

坚定的信心，充足的时间，孜孜不倦的努力，使赵、李的收藏事业获得了极大的成功。由于收藏的书籍过多，二人不得不在归来堂建起书库。诸子百家的著作，相当一部分都不是只收一本，而是注意收藏不同的版本。他们购置了足够多的书橱，把图书分门别类加以存放，并且形成了相应的图书目录，以便查找方便。需要用某一部书时，或者别人借阅，都是拿上钥匙，对着目录去寻找。

他们积极搜集有关文物，又对过去搜集到的资料进行了系统的研究，还有选择地收集了一些善本、副本，金石学家的名气越来越大，越来越多的人慕名为他们沟通信息，或赠寄有关资料。

与此同时，赵明诚、李清照还收集了许多刚刚出土的文物或是复制本，如《楚钟铭》《汉张平子残碑》，等等。

李清照在这一时期，为金石书画的整理研究做了大量的工作。辨识、鉴赏、题跋、编号、存藏，每一件文物上都凝结着她的心血和勤奋。到政和七年（1117），他们的文物事业已粗具规模。

赵明诚在政和年间写成了《金石录序》，对二十多年的金石事业，也对他们夫妇的收集研究成果进行了阶段性总结。

当然，序的完成，并不等于金石事业的完结。写了序之后，李清照和赵明诚仍然在不断扩大成果，坚持不懈地继续从事金石书画的收集、整理和研究。

# 贡献《词论》

青州屏居，李清照的又一重大收获是《词论》。李清照的词名未出阁时已名动京师，在此后的岁月中，她又陆续创作了大量作品。由于历史的湮没，我们现在不可能看到她的词的全貌，也很难给她现存的每一首词进行并无别议的时间定位，但可以肯定的是，她的词作是相当丰富的，我们现在见到的，只是其中的一部分而已。作为北宋词坛的著名作家，也作为独树一帜的女性作家，她站在理论的高度，站在词史的讲坛，对北宋词的创作进行了高度的概括，完成了现存最早的论词专论，这也奠定了李清照一代词学理论家的地位。

在《词论》中，李清照提出了词“别是一家”的主张，认为词作为一种独立的文学体裁，有它不同于其他任何一种别的文学体裁的特点，可惜世人对这一点认识得太晚了。到了晏幾道、贺铸、秦少游、黄庭坚的手上，才开始理解到这一点。然而在词的创作过程中晏幾道很少铺叙，贺铸又少典重，秦少游则缺乏史实，黄庭坚则又太多地运用典故，他们都有这样或那样的不足和缺陷。

《词论》以女理论家的宏大气魄和理论勇气，对北宋词坛的众多名家提出了大胆的挑战，进行了严厉的批评，旗帜鲜明地维护文人词的纯正和高雅，理直气壮地捍卫词的声律标准，在词论的发展史上具有重要的奠基意义。

捌

# 夫唱妇随

## 品味离愁

对赵明诚来说，屏居是一种无可奈何的退避，是蔡京与赵挺之政治权力斗争的一种表现形式。虽说在屏居期间，赵明诚的生活是充实的，金石事业仍然在扎扎实实地进行，且收获颇丰，然而金石事业不能代替政治欲望，所以在时来运转的时候，他还是要复出为官的。

政和元年（1111），根据赵明诚母亲郭氏的要求，宋徽宗为赵挺之恢复了名誉，这时距赵挺之离世已经整整四个年头，赵氏兄弟守制的期限已满，出仕为官的政治障碍和伦理限制已经扫除。赵明诚的长兄赵存诚也的确在政和二年（1112）出了仕，其次兄思诚也在同年被擢为中书舍人，赵明诚不像长兄赵存诚一样是进士出身，可能在任职上要更低一些，不过重新进入官场的条件是完全具备的。事实上，赵明诚屏居青州后，多次到京师探望母亲和兄长，为父亲祭扫，当然也关注着政局的发展和自身的前途。宣和三年（1121），赵明诚出任莱州知州。

从赵明诚二次出仕做官到李清照来到莱州共居，李、赵二人有过一段两地分居的时期，虽然不能确指这一时期的具体时限，但这一时期的存在是一个无争的事实。在两地分居的日子里，李清照在整理研究金石文物之余，怀着圣洁而沉重的心情，写下了一系列令世人绝倒的相思之作，进一步奠定了她在北宋词坛的地位，为后人留下了一批优秀的传世名作。

## 随任莱州

李清照在宣和三年（1121）八月抵达莱州后，以更加浓厚的兴趣和旺盛的精力，投入金石书画的整理研究之中。同时，李清照的到来，也使赵明诚的生活解除了后顾之忧。李清照主持家政，把家里家外调理得井井有条，居室中充满了温馨的家庭气氛和浓厚的学术氛围。这使李清照和赵明诚更加珠联璧合，共同开拓他们的金石事业。

过了一个团圆的中秋节，重阳又款款向他们走来。在分居的日子里，李清照与赵明诚不在一起，重阳登高的雅事也自然无法实现。现在夫妻团圆了，再不是“独在异乡为异客”了，也不必独自“东篱把酒黄昏后”，他们决定好好过个团圆节。离城不远有一座文峰山，因其形似笔架，当地人便称笔架山，这是莱州最负盛名的名胜之一，他们决定到笔架山去登高。

幕僚们知晓太守重阳节要同夫人共登文峰山，也叫嚷着一同登高，就这样，他们一行十余人，在重阳节来到了文峰山。他们观看了一些文物古迹，因为是重阳，来山上的人还不少，使文峰山突然热闹起来。李清照登高望远，四面眺望，突然看到一处摩崖石刻："德甫，你看，那是什么？"赵明诚也看到了那处摩崖石刻，回头问身边幕僚中的当地人："那处碑石是何人所刻？"

幕僚中许多人对此一无所知，光知道有这样的摩崖石刻，但到底是何人所刻，说不出个所以然来。其中一位姓梁的主簿略知一二，回复赵明诚说："回禀太守，那一处摩崖，好像是魏碑。卑职小时候曾到过碑下，但碑的内容早记不清了。太守满腹经纶，既已到此，何不亲临观瞻？"

赵明诚问李清照："如何？"李清照说："自然不能错过，咱们到碑下细察。"

李清照、赵明诚一行来到碑下，二人的眼睛同时充满了惊异的神采。这是一方依山随形的摩崖石刻，碑的上部略呈等腰三角形，下部为长方形，给人以浑厚平稳之感。碑的正文略呈方形。高约一丈有零，宽约一丈五尺，赵明诚立刻命随行人员拿出拓碑的物品，准备拓碑文。赵明诚和李清照二人亲自上阵操作，其他人或递纸摁角，或排列顺序，只是打下手。他们拓得十分认真，不放过一笔一画，快拓完时，赵明诚说："真是踏破铁鞋无觅处，得来全不费工夫啊。从书法的角度来看，这是我们目前所发现的最有价值的石刻之一。"

"是呀，"李清照接着说，"你看，这碑上的字体，兼具隶体和行书两种字体，既典重平稳，又流畅活泼，而且有些字的写法，我们从来没见过，笔画非常简单，这对研究汉字形体的演变具有极其重要的价值。真是稀世之宝啊！"

赵明诚拓到碑文的结语之处，更加喜不自胜，他高声对李清照说："你看看这里说的什么？"

李清照看了碑文，也禁不住拍手称快，说道："真正喜事成双！"说着问幕僚们："天柱山在何处？"幕僚们指向南面二十里之外。李清照放眼望去，正南二十里地之外有一座大山，雄伟壮观，如天柱直插晴空。李清照告诉幕僚们："文峰山的这一处摩崖石刻，是下碑，还有一处上碑，在天柱山上。两碑遥相对峙，合而为一。这都是后魏时的作品，距今已经六百多年了。石碑的内容大家已经看到了，是开封也就是现在京师的郑道昭记载其父郑羲的生平功绩的。"

幕僚们听了都十分惊奇，一方面为李清照的学问所折服，另一方面，也为李清照和赵明诚敏锐、深邃的鉴赏能力而瞠目。李清照和赵明诚拓完碑文，站在碑下久久不愿离去，恨不得把这珍宝搬到家中去收藏起来。

六天后，赵明诚散了衙，兴高采烈地回到官舍住处。一进门，就神秘地对李清照说：“夫人，猜猜今天有什么好消息。”

李清照看着赵明诚喜不自禁的目光，就知道是又有了新的收获，便肯定地说：“快打开你的公文袋吧，肯定是郑羲上碑的拓本到手了。”赵明诚感慨地说：“知夫莫若妻啊！”说着，便拿出拓本同李清照一起抄录整理起来。

后魏郑羲上碑和下碑的发现，是李、赵金石事业的重要收获，这两处摩崖石刻，在中国文字史和书法史上具有重要地位，受到宋以后历代书法名家的交口称赞，在海外也有较大的影响，由此足见赵、李二人金石研究的深度。

得到郑羲碑后没多久，某天，赵明诚带回一位四十多岁、着六品朝服的官人，李清照一眼便认出这是当年京城中赵明诚的故友刘绎如，连忙吩咐仆人上茶备席。刘绎如，字成叔，也是一个金石爱好者。当年在京师时，他是赵明诚家中的常客，同李清照也非常熟悉。这次他来山东济南府公干，听说明诚在莱州任太守，李清照也随任在此，所以专程前来拜谒。

席间，赵明诚向刘绎如介绍了郑羲碑发现的经过，并拿出拓片让刘绎如鉴赏。刘绎如爱不释手，赵明诚说：“兄如欲求，弟当派人去拓，也不枉你我朋友一场。”刘绎如说：“不劳仁兄费心。此碑既是不远，我又已经来此，当亲临观瞻。你给我准备好纸张工具，带足干粮就行了。”赵明诚仰天大笑：“好！明日当派人备马护送仁兄亲自前去探胜。”刘绎如异常感激，起身道谢，说：“你们猜猜，这次我给你们带来了什么？”

赵明诚说：“快别兜圈子了，快快取出来给我看看。”原来，刘绎如为赵、李带来的是《唐富平尉颜乔卿碣》的拓本。

李清照说：“这么贵重的礼物，我们如何受得起？”

刘绎如说：“就算是我给二位的见面礼吧。我知道你们没有这件宝贝，所以就摹写了一幅带来。没想到，你们在这里得到了更珍贵的石刻。以后，有了新发现，可不能少了给我的抄本啊！”说罢，三个人都孩子般笑起来。

讲论书画金石之余，赵明诚又问起故友最近京师中的政局。刘绎如对此起初表示不感兴趣，后来屏去闲杂人员，他才压低声音讲了这样一番话：“京师之事，的确一言难尽。我们作为知己，今日之话，只可我们三人知晓，外人一概莫吐半字。眼下国政日非，几乎到了不可收拾的地步。蔡京、王黼、童贯、梁师成、杨戬、高俅沆瀣一气，狼狈为奸，致使纲纪败坏，怨声载道，老百姓称之为‘六贼’。有民谣说：‘三千索，直秘阁；五百贯，擢通判。’又说：‘打破筒（童），泼了菜（蔡），便是人间好世界。’可见六贼卖官鬻爵，到了明目张胆的地步，百姓都一一看在眼里，而官家对此却全然不觉。为了笼络皇上，六贼假借收复燕云十六州，对百姓乱征苛捐杂税，对外搞什么联金击辽。还说在白沟打了大胜仗。但是从前线回来的人却说，童贯十余万大军在白沟被辽军打得大败，而皇帝还蒙在鼓里准备大犒六军呢。这样的局面，真让人忧心如焚啊!”

说到这里，三个人都陷入了沉默，方才的欢声笑语仿佛立刻被冷冻到另外一个世界去了。

## 情注金石

赵明诚约在宣和六年（1124），根据秩满之后非升即调的任职原则，调为淄州太守。

淄州在北宋是一个辖境较大的州，也是一个相当富庶的州，文物也相当丰富，因为这里是春秋齐国都城临淄的所在地。李清照也和赵明诚一起来到了淄州。

赵明诚到了淄州后，一方面积极发展农业生产，宽政于民；一方面严厉打击各种刑事犯罪，维护社会治安，颇得当地百姓拥戴，因治县有方还得到了皇帝的嘉奖。

文物极丰的淄州，对于有志于金石事业且已经取得骄人成绩的赵、李二人来说，是求之不得的。在来淄州之前，他们就把在莱州任上收集整理好的文物及其文字资料，先期全部运回青州故第，只把没来得及鉴定注录的一小部分带到了淄州，因为他们知道，到了淄州之后，肯定有更繁忙更重要的金石发现在等待着自己。

一开始，赵明诚就把李邕撰写并亲书的《唐淄州开元寺碑》迁到郡廨便所，并且专门做了护栏保护起来。对当时刚发现的“孟姜匜”，收藏于淄州民间的“平陆戈”等珍贵文物，赵明诚也进行了注录。于是，赵太守喜欢文物的消息不胫而走，特别是在士大夫圈内，赢得了广泛的赞誉。

果然，苍天不负有心人。没过多久，赵、李就得到了中唐著名诗人白居易书写的《楞严经》，这是一件极为珍贵的书法作品。

事情的经过是这样的。

暮春天气，太阳已经开始展现自己旺盛的热力。在和煦明媚的春光里，古老的淄州大地一派欣欣向荣。放眼望去，原野上麦田涌碧波，秋禾正拔节，纵横交织的河流像白色的绸带跃动在古齐大地，丘陵山川，梯田层层，绿树丛丛，在平旷的原野上凸显出一道奇异的风景。赵明诚轻马简从，察访民情，来到了名叫邢家庄的村落。这个村庄田地整齐，土壤肥沃，水利条件十分优越。绿树成片，花木错落，一看就是个非常富庶的地方。赵明诚一看这种派头，心想一定有隐君子居住此处。问了一下当地的百姓，他们说，这是个同姓村子，叫邢家庄。村中最有名望的是一位叫做邢有嘉的故潭长。于是赵明诚便去拜访他。一进院子，只见繁花似锦，满目生机，邢有嘉非常热情地接待了太守一行，并说对他爱好收藏文物的名声早已耳闻，于是，同赵明诚成了忘年交。

初夏时节，赵明诚又一次视察民情，路经邢家庄，邢有嘉把赵明诚请到自己家中。邢有嘉取出一个精制的木匣，拿钥匙开了锁，里面藏着一沓厚厚的笺纸。邢有嘉指着笺纸，郑重其事地说："这是唐代大诗人白居易亲手书写的《楞严经》第九卷的后半卷，请太守笑纳。"

这完全出乎赵明诚的意料，赵明诚一时竟不知如何是好。按捺下激动的心情，赵明诚让随行下吏拿出十两白银，对邢有嘉说："下官本是为体察民情而来，随身所带银两甚微，这十两银子，不成敬意，还请笑纳。"

邢有嘉一脸严肃对赵明诚说："我并不是把你当父母官来奉迎取悦的，而是把你看做虔诚的收藏家来对待，所谓有素心之馨也。文物本是国家宝藏，我因为收藏此物，当地富豪多有睥睨，家中子孙也各不相让。如今，我已经七十多岁了，唯恐日后此物难全。所以将它托付给真正热爱文物的人去收藏，全不为孔方兄之利也。不然，早就卖了大价钱了。"

赵明诚闻听此言，连忙起身下拜。邢有嘉立刻扶住，说：

"折煞我也。"然后两人推心置腹，谈了些文物收藏的苦乐，赵明诚便打道回府。

回到家中，已是傍晚时分，赵明诚与李清照一起共同研究欣赏这一宝物，二更之后，明诚口渴得厉害，李清照亲自为他烹了小龙团茶，两个人又一起展玩起来。直到夜深之时，赵明诚才提笔为这件稀世珍宝写下了一百余言的跋语。

莱州、淄州时期的文物金石研究，使李清照的生活过得充实而有情趣，也使李、赵夫妻加挚友的互敬互爱的爱情得到进一步的升华。几十年后，李清照含泪这样描述他们的这段生活。她说，后来我和赵明诚屏居青州乡里十年，非常注意收集书画文物，日子也过得衣食无忧。再后来，赵明诚接连在莱州、淄州担任行政长官，便把所有的俸禄拿来进行书画文物的收集。每得到一部好书，我们就一起勘校整理，题写跋语。得到书法、绘画或者青铜器，也是一起把玩品鉴，看看有没有瑕疵。每天晚上，我们都要工作一支蜡烛的时间，这已经成了一条雷打不动的家规。正因如此，我们收藏了很多精品书籍、书法、绘画，是当时其他收藏家难以企及的。

玖

# 国破家亡

## 护宝南渡

赵明诚大约在宣和三年（1121）到宣和六年（1124）任莱州太守，从宣和六年（1124）到靖康二年即建炎元年（1127）主政淄州，在淄州任时，北宋政权已处于风雨飘摇之中。宣和七年（1125），入侵金人迫近，宋徽宗临危禅位给长子钦宗，金人步步紧逼，靖康二年（1127）二月，二帝被俘北狩，国家岌岌可危。

宋钦宗靖康元年（1126），金人两度进犯汴京，第一次在正月初七到四月初二。李清照和赵明诚对当时京城的战况并不十分清楚，但战局不利的基本态势还是心知肚明的。靖康元年十一月二十三日，金人第二次进犯汴京，这时，他们对时局的走向已经有了一个最基本的判断，那就是北宋王朝凶多吉少，自己也应该早做打算。赵明诚仰天长叹，四顾茫然，想到盈箱溢箧的书籍、价值连城的书画器物，既恋恋不舍，又不知所措，只能惆怅叹息，一种费尽心力前功尽弃的不祥之感袭上心头。

三月八日早饭过后，李清照与赵明诚正在院子里的槐树下闲坐，两人的面部表情都十分凝重。这时大哥赵存诚的家仆刘子豪突然闯进院子，身上穿着黑色夹衣，脸上淌着淋漓大汗，头上裹着白色头巾，腰里系着白色腰带，跌跌撞撞一下子跪倒在他们面前，带着哭腔说："给三少爷、三少夫人请安！老夫人千古了。"

"快快请起，是什么时候的事？"

"大前天下午。大少爷让我即刻来请三少爷。"

这之前，奉朝廷之命，赵存诚和老夫人郭氏已经先期到了江宁。赵明诚万万没想到，在这兵荒马乱之际，年近九十的母亲大人突然撒手人寰，他瞬时号啕大哭，泪如雨下。

回到房中，李清照轻抚着赵明诚的肩膀，安慰道："殡葬母亲大人，乃人生大事。德甫，我与你一起去江宁。"

赵明诚泪眼汪汪，用非常坚定的语气说："夫人贤德，你的心情我完全理解，到了江宁，我一定把你的心意转达给大哥他们，绝不让他们日后对你有任何怨言。可是，眼下形势如此窘迫，金人步步紧逼，你我大半生辛苦经营的文物全在北方，且大部分还在青州故第；奔丧，虽说刻不容缓，是头等大事，但文物转移也须早做打算。因此，江宁奔丧和收拾文物必须分头进行，二者兼顾。奔丧之事，不可有半点耽搁，我只能立刻出发，轻装奔丧，到了江宁后先料理丧事，后安排文物的存放问题。你留在家中收拾文物，待机而动，这副担子比奔丧要重得多呀，我也只能把这千斤重担交付于夫人你了。我处理完丧事，定会即刻返回，你不必多虑。”说着说着又泣不成声了。

李清照也热泪盈眶，应允道：“那你就立刻上路，快马加鞭，到了江宁，多与两位兄长商量母亲的后事，千万不要自作主张。文物的事情你尽管放心，你也要快去快回。”

形势的发展完全出乎李、赵二人的预料。只二十几天时间，靖康二年（1127）四月，金兵就以迅雷不及掩耳之势大破汴京，把宋徽宗、宋钦宗父子二人，以及后妃、亲王、内侍等三千余人，一并俘获押解到自己的老巢去了。正因为这样，赵明诚处理完母亲的丧事之后，根本没有机会再返回淄州。

这边赵明诚走后，李清照立即着手遴选文物。因为大部分文物都在青州故第，所以，她当机立断，把淄州的几件重要文物挑选出来，然后雇了一辆马车，带上这几件重要文物，和家人一起回到了青州。

遴选的过程是非常艰难的。每一件文物上都凝结着他们夫妻二人的资金和心血，每一件都不舍得，但是又知道不可能把这么多宝物尽数带走。于是，李清照第一遍先挑出图书中又重又大的，还有刻印的，又挑出绘画中某一位画家有重复的作品或好几幅作品的，再挑出没有款识的古器。第二遍，挑出图书中的监本，又挑出绘画中题材比较常见或技法比较普通的，再挑出青铜器中过于重大的。经过多次遴选，才基本确定了必须带走的文物。

形势一天比一天紧迫，金人攻破汴京之后，立即向不同的方向辐射性攻掠。眼看赵明诚归来无望，李清照便把留在青州无法带走的十余房书籍文物分门别类归置妥当，一一上了铜锁，准备明年春天买舟运走。然后，在建炎二年（1128）正月，李清照雇了十五辆车，风餐露宿，只身护宝南渡。到了东海，又改换渡船，顺着长江，向江宁进发。

当装运文物的船只到达镇江时，恰好碰上张遇作乱。彼时，张遇带领军队从黄州向东进发，攻打江宁，因受到江淮制置使刘光世的追击，没有得逞，又带着数百艘军船顺江而下，于正月十五大掠真州后，来到镇江。镇江的守臣钱伯言落荒而逃，弃城而去。此时李清照的船队刚好经过镇江。她身背价值最高的蔡襄书写的《赵氏神妙帖》，临危不惧，大智大勇，巧妙指挥船队躲过了张遇的拦截，和船工们一起保全了文物的安全，把文物一件不落地运到了建康。

第二天清晨，船队即将靠近下江码头，李清照背负着那件价值连城的包裹，长长地出了一口气。

赵明诚雇佣的车子早就等候在码头，当他看见身背包裹的李清照，一颗悬着的心终于放缓了狂跳的频率。李清照轻快地跳到岸上的那一刻，赵明诚紧紧地抓住李清照的双手，久久不愿松开。这是久别重逢的喜悦，也是乱世生还的庆幸，更是对李清照保全文物刮目相看的敬佩。

后来，赵、李池州相别，赵明诚嘱咐李清照，情况紧急时，要用生命保护的，也包括这件《赵氏神妙帖》。可惜的是，兵荒马乱，人心叵测，李清照流寓绍兴时，所剩的六七簏文物在钟氏宅被贼人在墙上破洞而盗，这幅价值连城的珍品也不翼而飞。

## 飞雪觅诗

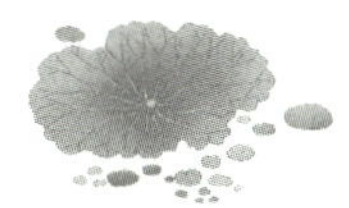

李清照很快便在江宁安顿了下来。之所以在江宁住下来，主要是因为赵明诚这时已经担任了江宁知府的重任。当时的神州大地，血雨腥风，混乱不堪。

李清照在南渡的过程中，目睹山河破碎，江山易帜，北宋王朝呼啦啦如大厦倾覆，表面的繁华顷刻间化为废墟灰烬，金人铁骑横扫中原，献城纳降的不绝于耳，官军的残军败将又多蜕变为盗寇，与胡虏一样祸害百姓，人民在多重压迫下流离失所，朝不保夕，而宋高宗赵构也到处流亡，不能挽狂澜于既倒。李清照的心情既悲痛，又愤慨。她真正体会到什么是难民，什么是俘虏，什么是亡国，什么是屠城……这样，就促使李清照的诗歌创作更加贴近现实，贴近政治。

她恨自己不是七尺男儿，既不能够驰骋疆场，驱除胡虏，又不能持笏上本，直陈良策，只能用饱含悲愤的狼毫，抒发心中的不平，留下了“南渡衣冠少王导，北来消息欠刘琨”，“南游尚怯吴江冷，北狩应悲易水寒”的著名诗句。

李清照到达江宁的当年冬天，有一天，她刚一起床，觉得外面很亮，拉开窗帘一看，雪下了足足有一寸多厚。江宁这个地方很少下雪，在北方见惯了漫天飞雪的李清照，着实有点喜上眉梢。恰好赵明诚今天轮休，李清照便说：“德甫，今天难得下雪了，你又轮休，咱们出去走走，循城觅诗吧？”

赵明诚虽然学问深厚，但写诗却非强项，而且多次败在李清照手下，所以推诿道：“还是在家休息吧。再说，你看现在的时局，愁都愁不过来，哪还有心思循城觅诗呢？”

“夫君，所觅之诗并非一定就是风花雪月。再说，国难当头，也不能每时每刻都双眉紧蹙，唉声叹气。下雪之后，空气清爽，刚好可以洗涤肺腑，清醒头脑。我给你去拿衣服，咱们还是出去走走吧。”

于是，早饭过后，夫妻二人便穿戴妥当，循城觅诗去了。

街上少有行人，雪基本停了。洁白的雪花在脊兽上、筒瓦上、板瓦上、房顶上、街面上，覆上一层同样薄厚的白色，没有厚此薄彼，只有老天爷才能分配得如此公正，掩盖了所有的色彩差别和贫富差异。他们踩在软软的白雪上，一面赏雪，一面交谈，暂时忘却了时局的纷扰。走了几条街道之后，二人便一道返回了寓所。

## 貌合神离

李清照第一次在江宁生活的时间不足一年半。除了与那个多灾多难的时代同呼吸共命运的诗歌之外，李清照还写就了一些同自己个人生活息息相关的诗词。《分得知字》就是这样一首诗。

四月的一天，赵明诚的一帮同僚来到赵府聚会。同僚们早就听闻李清照的诗名，只是无缘得见，因此异口同声地要求李清照一起参与。赵明诚无法抵挡同僚们的软磨硬泡，只好把李清照请来。

同僚们先是一番吹捧，有的是真心实意，有的是曲意逢迎，还有的随声附和，说李清照如何名震京师，如何诗名天下，李清照只能谦虚应对，微笑拒绝。

大家在一起游戏，免不了采用文人经常采用的限韵即兴创作。为了显示自己的作诗本领，也为了见识一下李清照的水平高低，大家共同约定采用非常生僻的韵辙。选韵字的时候同僚们都说：“让嫂夫人先选，不然传出去太难听，说一帮老爷们欺负一个弱女子，哈哈哈哈……”

李清照明知这是个陷阱，谁先选，当然谁先作，根本没有思考的余地，不像后选的，别人作诗时，自己还可以琢磨构思。但是一虎难架八狼，这帮同僚七嘴八舌，胡搅蛮缠，最后实在推不过，她第一个盲选，结果选了一个“知”字。

同僚们顿时面面相觑，没想到来了这么个难题，“知”字韵太难写了，万一李清照写不出来，岂不得罪了顶头上司，大家都难堪之极吗？

然而李清照略一思考，便随口吟道：

学诗三十年，缄口不求知。
谁遣好奇士，相逢说项斯。

同僚们立刻齐声鼓掌叫好，这个才女果真名不虚传，片刻工夫就出口成章，而且合辙押韵，意味深长。

通判说：“嫂夫人诗的前两句，回顾了自己诗歌创作的历史，表现了淡泊名利、谦虚谨慎的人生态度。嫂夫人‘少年便有诗名，才力华赡，逼近前辈’，从在京中开始写诗到如今，三十年的诗龄并非虚言。然而以一‘学’字概括，谦卑之心，诚恳可嘉。大家都知道，‘缄口’语出《孔子家语》：‘孔子观周，遂入太祖后稷之庙，庙堂右阶之前，有金人焉，三缄其口而铭其背曰：古之慎言人也。’也就是说，嫂夫人虽有三十年的诗龄，却从来不敢自称诗人，更没有闻达于世的奢望。真正佩服佩服。”

同僚们又是一顿赞美，不过赞美中包含了更多的敬重，赵明诚也深深出了一口气，悬着的心终于放下了。他敦促大家接着游戏，可是，面对眼前这座无法逾越的高山，谁还敢吟诗呢？

元宵期间闲居无事，李清照也经常阅读前辈的词作，而欧阳修的“庭院深深”数阕，她尤为喜爱。

欧阳修的原词说：“庭院深深深几许，杨柳堆烟，帘幕无重数。玉勒雕鞍游冶处，楼高不见章台路。雨横风狂三月暮，门掩黄昏，无计留春住。泪眼问花花不语，乱红飞过秋千去。”词中的被深埋在重重帘幕、深深庭院中的闺妇，对跨着雕鞍去章台游冶的丈夫无可奈何，面对雨横风狂、乱红飘零的暮春天气，不觉万分空落，泪如雨下。这一形象深深触动了李清照难以言说的情怀。

李清照联想到，如今自己已经四十五六岁，却没有一子半女，赵明诚在江南重镇担任最高行政长官，在纸醉金迷、花柳荟萃的秦淮岸边，是否有章台游冶之嫌，不能不让她疑心重重。

日常窗阁常扃的苦闷，老去无成的悲叹，谁怜憔悴的感伤，正所谓“试灯无意思，踏雪没心情”，“春归秣陵树，人老建康城”，闺怨之情溢于言表。再加上亲身经历的亡国之痛、文物付诸东流的哀伤，两首《临江仙》和作便顺理成章地诞生了。

然而，令我们大惑不解的是，这一时期，赵明诚从来没有离开过这座城市，却又不经常陪伴李清照，使李清照渴念到了用梦来补偿的地步，那么赵知府到底干什么去了呢？这不能不让人对词作的潜台词产生疑虑。

李清照与赵明诚的感情危机，应该说是必有无疑。这是由那个时代中人们的观念决定的，也是他们的婚姻生活不可回避的问题，当然也有社会环境的影响和其他因素。

传统的农耕文化，要求人们把人的生产特别是男性生产力的生产看成是家庭的头等大事，所谓不孝有三，无后为大。生下女儿，必定嫁人，没有儿子，家何以继？老何以养？赵、李二人虽然才貌相称，情意深笃，没有子嗣却成为难以排遣的心病。屏居青州时期，应该说是最有希望的生育阶段，彼时李清照年龄正好，赵明诚官运不通，少有他志，然而他们却未能完成这人生的美梦。当时，人们对生育科学了解不多，婚而不育往往都让女性来承担责任。到了连守两郡时期，李清照已届四十，虽然生育的希望还有，却已十分渺茫。到了建康时期，李清照生育的希望几乎到了微乎其微的阶段，随着年龄的增长，子嗣问题也成为他们最难放心的事情。加之，赵明诚的官运正处在巅峰状态，因此在感情问题上产生疏离也在所难免。

除了夫妻感情上的难言之隐，赵明诚还有让李清照更难以接受的道德污点。虽说人非圣贤，孰能无过，但有些错误是绝对不可以犯的。赵明诚在建康任上不但有严重的道德问题，而且有不小的政治问题。道德问题是有借无还，无偿占有唐代阎立本的名画《萧翼赚兰亭图》。这幅价值连城的名画，源于谢伋。谢伋，字景思，是谢克家的儿子。谢克家与赵明诚是中表兄弟。这幅画本是江南李后主的故物，周毂把它给了同郡人谢伋，谢伋拿上这幅稀世珍宝到了建康，赵明诚就把这幅画借去观看，借而不还。

政治上的错误自然是伤筋动骨，要断送前途的。建炎三年（1129）二月，皇帝卫戍部队的统制官王亦，带领所属部队驻扎在建康，阴谋发动兵变，意欲夺取建康和地方政权，发一笔横财，并约定好夜间纵火作为信号。江东转运副使、直徽猷阁李谟预先得知了这一消息，马上跑去告知赵明诚，结果赵明诚不以为然。李谟于是自己带领军队布兵排阵，埋伏在涂巷之中，用栅栏堵住要害之处。半夜时分，天庆观燃起大火，李谟手下的军队主动出击，王亦的人马无法深入府衙地段，于是便用斧头劈开南门，落荒而逃。天快亮的时候，李谟去找赵明诚，而赵明诚和通判毋丘绛、观察推官汤允恭，当天晚上顺着从城墙上垂下去的麻绳，早就逃之夭夭了。

应该说，这是一起地方性质的未遂政变。驻扎在建康的外来部队，想发动突然袭击，结果被原来的驻军发觉并提前设下圈套，由此粉碎了乱军的阴谋。但是赵明诚却拒绝参与指挥平息叛乱，并且为了保命，竟然缒城宵遁。这种行为当然不能容忍，赵明诚被免职，毋丘绛和汤允恭也受到降级处分。

## 泣血建康

赵明诚被罢建康后，便与李清照一起，雇了船，装上所有的文物家私，上芜湖（今安徽芜湖），入姑孰（今安徽当涂），将卜居赣水上。夏五月，至池阳（今安徽池州），沿着长江向西南方向撤退。

建炎三年（1129）正月，金军连破徐州、沭阳、泗州等重镇。二月初一，迫于这种形势，高宗赵构下诏让士民从便避敌，护送皇子和六宫向杭州进发。不久，天长失守，楚州出降，二月初三，赵构戎装奔命，从行者只有五六骑，到瓜州后得一小舟渡到京口，竟无一人随行，接着逃到镇江。金人游骑追到瓜州，百姓未渡者十余万人，大多数都坠入江中丧生。这时发国难财的船户竟然收要一人一两银子的过渡费。赵构住在吕城镇，看见甘露寺火焚的信号，乘马疾行到常州，这时金人已经占领真州、扬州。赵构又经无锡、平江，改换乘船到吴江、秀州、崇德、临平，十三日到达杭州。在杭州略作喘息，对死罪以下进行大赦。十九日，金人一把火把扬州烧了个精光，幸存者只有几千人，赵构这才罢免了黄潜善、汪伯彦。到四月二十日，看时局稍有缓和，赵构才从杭州北上，五月初一到达常州，初四到达镇江，初八到达江宁，并立刻把江宁改名为六朝时期的旧名建康。直到六月二十七日，才从神霄宫移居到建康府中办公。

赵构到了建康后，又命赵明诚出任湖州（今浙江湖州）知府，并命令他立刻出发到建康面见皇帝，接受任命。

于是，赵明诚与李清照商量，暂时把家安顿在安徽池阳，李清照留守，赵明诚独自赴建康面见皇帝。

六月十三日，烈火般的骄阳直射着长江南岸的池阳大地，多情的白云想为江岸的人们撑起片刻阴凉，还没飘到池阳上空，就被太阳化为蒸气，消失在湛蓝的万里长空。池阳成了一座大蒸笼，只要是阳光能够光顾的地方，就有一种热力在蒸发，树木花草都无精打采地耷拉下汗津津的叶子，经受着酷暑的煎熬。江水与大山进行着大自然中最伟大的力的较量，大山要拦住江水，江水要冲出山峦，左突右折，便在天地间勾画出一条雄壮的长江。

李清照把赵明诚送过对岸，赵明诚把简单的行装搬到岸上，坐在岸边，向舟中的李清照告别。葛衣岸巾，衬托着一双炯炯有神的眼睛，显得赵明诚精神焕发，意气轩昂。李清照知道，这次重新被命为湖州知府，丈夫的仕途又展现出康庄大道，自己未来的生活也将面临新的选择。湖州北临太湖，南接杭州，是浙北著名的水乡，丝绸、湖笔、羽扇，更是名扬中华。从安全方面讲，更非建康所比。然而，眼下的时局，又让人忧心忡忡，谁也不知道明天早上会发生什么事情。小船开始缓慢移动，李清照突然朝着岸上的赵明诚发问："德甫，如果万一发生不测，你又不在，我该如何处置？"

赵明诚高高扬起右手，提高了嗓门说："大家怎么样，你就跟着怎么样。万不得已，先扔掉辎重，再扔掉衣被，再扔书籍卷轴，再扔古器。不过，咱们的宗器，千万要亲自携带，人在物在！你千万要牢记，我相信你……"赵明诚所说的"宗器"是指那些最珍贵的家藏文物，包括《赵氏神妙帖》，商代古鼎"父乙彝""田鼎"等。

响亮的回声，在江与岸之间回旋，李清照用尽全力，咬牙控制着自己的眼泪，她知道，不要用眼泪送亲人上路。赵明诚骑着骏马，渐渐地变成一个小黑点，最终消失在她的视野之中。

回到池阳，李清照突然感到空落落的。兵荒马乱之际，带着这么多文物，一个人生活在这个极不熟悉又举目无亲的城市，总是会冒出一些奇怪的念头。残忍的金兵，无道的乱军，慌不择路的难民，鲜血淋淋的兵器，经常出现在她的梦中。但她又总是自我规劝，以“见红必有喜”安慰自己，在同邻居的闲谈中打发光阴。文物的所有包装她都没打开，因为她知道，池阳不是久留之地，她期待着赵明诚回来，和她一起迈上一条新的生活起跑线。

七月末的一天，邮差送来了赵明诚的书信。李清照喜出望外，满以为幸福的时刻即将来临。她立刻拆开书信，没想到却是一个晴天霹雳般的坏消息：

清照贤妻：

微感疟疾，请托管好行李，东下建康。

扫过短信，李清照的脑袋轰的一声炸蒙了。她只觉得心脏如铁骑飞驰，血液如江涛奔涌，直冲上自己的脑门，浑身的热汗顷刻渗出。她知道，赵明诚平时就性急，疟疾病发作起来，一会热，一会冷，赵明诚肯定会擅自服用寒性药物，真若如此，后果严重啊！

李清照顾不得多想，她把所有财物都托付给房东看管，多给了房东一些银两，嘱咐房东好生保管，也不敢说箱子里面是什么东西。然后，她带上钱物，立刻买舟东下，日夜兼程，每天行走三百多里，向着建康飞驰而去。

八月的建康，又是一座燃烧的火炉。李清照看到赵明诚已经沉疴难起，病入膏肓，到了不可救药的地步。仔细询问，果然一开始赵明诚大量地服用了柴胡、黄芩之类的寒性药物。现在疟疾和痢疾同时困扰，医者很难下手。李清照虔诚地在建康城中找了最好的医生，不惜代价买了最好的药物，为赵明诚悉心治疗。

一天，赵明诚病情似有好转。他让李清照把他扶起来，半躺在床上。李清照不住地为赵明诚拭去额头和身上的汗珠。赵明诚用低微的声音告诉李清照："前些日子，就是我回到建康不久，有一位叫做赵飞卿的学士来看我，顺便拿来一把玉壶让我鉴定。我一眼就看出，那根本不是什么玉壶，而是一种很像玉石的珉，就是石头壶，没什么价值。当时，就让他把那只壶带走了。"

李清照安慰赵明诚说："德甫，你现在唯一的事情是治病、养病，恢复健康。其他的事情就别想它了，等你病好了，我们再一起收藏、研究文物，好吗？"

赵明诚点点头，不再说话，好像放下了一件沉重的包袱。

到了中秋，李清照专门为赵明诚买了档次较高的月饼，让厨下在鏊上烙热，与他一起分享，赵明诚勉强吃了半块。没想到中秋过后，赵明诚病情一天天加重。到了八月十八日，甚至无法再坐起来。

李清照含泪守在病榻旁边。这些日子，李清照期待着赵明诚像当年患痁疾的赵挺之一样，能奇迹般地转危为安，因此从来不忍心询问赵明诚后事如何安排。现在，赵明诚已经到了弥留之际，亲朋知己环拥床周。赵明诚伸出一只手，一个亲戚赶快递过去半杯水，赵明诚摇了摇头。另一个朋友赶紧拿来一床被子，他看见赵明诚在打摆子，以为他是冷得不行。赵明诚还是摇摇头，眼睛直盯着李清照。李清照含泪慢慢站起来，走到桌子前，拿起一张精致的薛涛笺，把毛笔蘸好墨，又拿了一本大开本的书，然后走到床边。她把笺纸整齐地铺在书上面，把毛笔交给赵明诚，自己端端正正地贴着被子捧着书和纸，赵明诚这才露出了笑容，提笔写下一首绝笔诗，然后睡到枕头上，永远地闭上了深邃的眼睛。他至死也没向李清照交代什么后事。

赵明诚撒手人寰之后，秋老夜深的时刻，斗转河横。夜很深很深，很静很静，人间不计其数的家庭早已在重重低垂的帘幕中步入了甜蜜的梦中。此时的李清照却辗转反侧，难以成眠。枕簟之间，她已经感到明显的凉意，比这凉意更痛心的是再不可能有明诚相伴的心灵孤独。花前月下相从共赏的初婚缠绵，易安室中斗茶猜书的不眠之夜，江上相别目光如虎的奕奕神采，取笔作诗溘然长逝的永别神情，一幕幕、一桩桩泪水浸泡的回忆，在脑海中形成交错出现的镜头。回忆的痛苦只能由李清照自己咀嚼，实在无法入眠时，她干脆就起来，任思绪尽情翻腾。她想起《诗经·小雅·庭燎》“夜如何其？夜未央”的句子，同样是不安于寝，李清照更感到生活的极度平淡和无聊。

拾

# 流寓生涯

## 阴阳永隔

赵明诚走了，没有留下一句遗言，也没有留下任何眷恋。也许他在弥留之际，不想再对这个世界有什么索求，也不想再给亲人们增加负担，人世已经不属于他，哪怕是把自己当作千古之谜去猜度，也全由着他们去吧！

李清照经历了人生最大的悲恸。如果说十几年前党祸烧身时，与父母弱弟的虹桥之别是她有生以来最大的生离，那么这次明诚病故便是她最痛的死别。赵明诚留在人间的最后一个眼神，像一种无法抑制的威力无比的兴奋剂，顷刻间注入她的心脏，使她不由自主地把自己变得疯狂。她再也不想去顾及什么贵族妇人的体面，什么大家闺秀的风范，什么一代词人的修养，她只想把长天捅出几十个窟窿，把大地跺得碎杯般破裂，把江水抓起来抛向天空，把云彩扯下来撕成碎片。然而，这一切都无法实现，只有波涛般翻滚的思绪，不断闪现交织着过去的所有生活和未来的种种不安。除了哭，除了号啕大哭，除了放开喉咙声嘶力竭地号啕大哭，没有任何形式来寄托发泄这沉重的哀思。

哭破了嗓子，哭呕了鲜血，哭干了眼泪……当眼泪再也无法平息悲痛时，她清醒了许多。夜深人静，料理丧事的亲朋都歇息了，只有灵堂前的烛光还在昏黄中跳跃。李清照面朝灵堂写下了祭奠丈夫的诔文，以此来寄托赵明诚先于自己撒手人寰，剩下她一人孤苦伶仃、痛不欲生的哀思。

当时的政治军事形势依然十分严峻。为了躲避金人，八月十五，隆祐太后就坐船从水路撤离建康。二十六日，高宗赵构也离开建康，又一次向浙西逃亡。

石头城中乱成了一锅粥。大家纷纷传言，金兵即将来临，长江马上就要禁渡封航。李清照想到寄存在池阳的二万余卷图书，二千余卷金石刻，还有其他那么多文物、家产，只好强撑病体，乘船到池阳处理。

到了池阳，看到一切文物仍然完好无损，李清照非常感激，拿出丰厚的礼品和钱物来报答房东。如今，明诚不在了，如何发运这批国宝，李清照也没了主意。她斟酌再三，决定把文物发送到洪州去。因为洪州相对来说是后方，金人攻陷的可能性比较小。再加上赵明诚的妹夫李擢，已经担任了兵部侍郎的高职，正同资政殿学士、权知三省、枢密院事滕康和端明殿学士、权同知三省、枢密院事刘珏共同护卫皇太后驻守洪州。所以李清照便请赵明诚原来的两个旧部下，把从北方带来的绝大部分文物押送到洪州，交付给妹夫保管护持。

宋高宗一路逃跑，经过镇江、平江等地，十月初八到达临安（今浙江杭州），接着又向浙东逃去。而金人直下寿春（今安徽寿县）、黄州（今湖北黄冈），从黄州渡江，经大冶直趋洪州。皇太后听到消息马上逃向虔州（今江西赣州），江西制置使王子献也弃城而逃，剩下权知洪州的李积中也投降了。可怜李清照花心思千辛万苦转移到洪州的所有文物一夜间化为云烟，没留下一丝痕迹。

长江上游已经不是安全之地，金人从何路进攻也无法预料。妹夫已经将自己的一生心血弃之不顾。李清照只好去投靠已经担任敕令所删定官的弟弟李迒，此官是保存诏书、编纂成书之职。

## 千里追献

李清照拖着病体去寻找她的弟弟李迒，不惜千里奔波。她带着仅存的一点文物，也带着一颗破碎的心。李迒是李清照唯一还在世的亲人。由于时局的动乱，姐弟俩已经好多年没见面了。特别是近几年，她在精神上和物质上遭受了常人难以承受的灾难，她想把这一切告诉弟弟，虽然明知弟弟也不能代替自己分担这种痛苦，但她还是想一吐为快。

到达台州（今浙江临海）时，台州的守臣晁公武刚刚闻风逃窜，台州城中一片混乱。李清照之所以来到这里，是因为她在半路上听到一个令人恐惧的消息，她是到这里来追赶皇帝的。

原来，在难民队伍中，李清照意外碰到了赵明诚过去的一个朋友。那人安慰了李清照几句后，突然提出了一个令人惊悚的问题：

“兄嫂，近来风传‘颁金之案’，你没听说吗？”

“什么‘颁金之案’？我怎么一点也不知道？”李清照愕然。

“哎呀，我的兄嫂呀，你怎么现在还蒙在鼓里？”

“你快说，急死我啦！”

“兄嫂，你别着急，听我慢慢跟你讲来。不过，你听了之后，一定要镇定呀！还是去年，赵待制（指赵明诚）在建康的时候，据说有一个叫做赵飞卿的学士，从赵待制那里拿走一只价值连城的玉壶。前些日子有人上了密折，说这是送给金人的。这可是通敌杀头的勾当啊！”

“什么玉壶！当时明诚早已罢知江宁，我们早就转移到池阳去了，在建康哪里还有什么玉壶？后来，我到了建康，明诚跟我讲过这事。他说，那个赵飞卿是拿过一只壶让他鉴定，明诚一看，哪里是什么玉壶，就是一只很不值钱的珉质石头壶，当时就让赵飞卿拿走了。怎么忽然就与通敌沾上了呢？”

“如今时局不定，谣言比苍蝇都多。据说，皇帝听了之后，非常生气，正准备深入调查此事呢！”

那人略一沉思，又提起另一个话头：“兄嫂，赵待制过世之后，有个叫王继先的人，曾到你家用三百两黄金购买古器，此事当真？”

李清照霎时冒出一身冷汗。她想起来了：“的确有一个叫继先的人，好像是个医官，想买几件古器。我那时悲痛欲绝，虽说办丧事花了不少钱，急需钱用，可是文物都在池阳，我什么也没卖给他。再说，我哪里有值那么大价钱的古器？”

“兄嫂呀，如今这世道，真的也假了，假的也真了，真真假假真有点一言难尽。不过，这个王继先却不可小觑。他不但是个医官，而且是御医，是当今皇帝跟前的红人。据说谢尚书还曾质疑此事，说什么‘恐疏远闻之，有累盛德，欲望寝罢’。因此皇帝说让三省取问王继先，弄清事实真相。”

“你说的是兵部尚书谢克家吗？”

“是的。”

…………

此时，李清照陷入深深的沉思之中，望着弯如蛾眉的上弦月，她整整一夜没有安睡。她想，真是一饮一啄，莫非前定。

这谢克家本是赵明诚的中表兄弟。在建康时，曾听人说赵明诚拿了谢克家儿子谢伋的一幅名画，久借不归，搞得两家关系很不和谐。问过几次赵明诚，他都说没有的事。收拾行装时，由于处在慌乱之中，自己也不知道有无这件东西。如今，明诚离世才几天，就弄出事情来了。谁知道是不是因为这事结下的冤仇？

再说，文物的价值人人皆知，上自皇亲国戚，下至平民百姓，都想将这些无价之宝收入自己囊中。明诚三十多年省吃俭用历尽艰辛，才积累了这点国宝。在青州故居，一把火烧尽了十六屋宝藏，带到南方的精品，如今也已去了十之八九，剩下这几件不太值钱的东西——当然也有几件是价值连城不能轻易示人的镇家之宝——我一个弱小的妇道人家如何永远保存？如果一旦皇帝变脸，问下罪来，到那时，不但全部所余文物将被抄走，还会落个罪臣之名，日子可就不堪设想了。与其这样坐以待毙，不如弃物自救，干脆把所有文物一次性投献给皇帝，以驱散满天疑云，好歹能平安度日，也比这样整天担惊受怕地生活要强得多。

李清照在苦思中不知不觉睡去了。第二天，她就下定决心，带上文物追献去了。

然而，皇帝不是说追就能追上的。那段时间，高宗赵构神出鬼没，声东击西，正在费尽心机同金人周旋。

建炎四年（1130）正月初一，宋高宗度过了一个流亡的元旦。初二时，金人已经跟进到明州（今浙江宁波），受到张俊和刘洪道的有力抵抗。初三，赵构回到台州的章安镇。正月十六，金兵克陷明州，那天晚上，电闪雷鸣，风雨大作。金兵乘势一举连夜攻下舟山岛上的定海（今浙江定海），并立刻组织船队袭击宋高宗的御舟，张公裕用巨型大舰坚决抵抗，才把金兵击退。

正月十八，赵构又从章安出发，借着雷雨天气，转移到温州（今浙江温州）港口。正月二十四，台州的守臣晁公武弃城而逃。这时李清照刚好来到台州。

赵构在前面跑，金兵在后面追，而李清照就夹在这中间追献。当李清照到达越州时，听说皇帝已经到了四明，也就是宁波。因军情紧急携带文物追献累赘太大，李清照就把那些抄本书寄存在剡县（今浙江嵊州市），结果后来被叛变的军队尽数劫掠而去。听说，再后来被一个姓李的故将军全部收购。这样，本就不多的文物书籍，又丢失了十之五六。只有可怜的一点书、画、砚、墨还有六七簏，李清照不忍放在他所，就随身置于卧榻之下，算是保留下来的所有家当了。

到了会稽（今浙江绍兴）之后，李清照租赁了一位姓钟的当地人的房子安顿了下来。绍兴是一座具有悠久历史的文化古城，早在春秋时期，这里就是越国的都城。建炎四年（1130），赵构取“绍祚中兴”之义，改年号为绍兴，并升越州为绍兴府。

会稽山中的禹王亭，书法宗师王羲之《兰亭序》的诞生地兰亭，唐代贺知章的《龙瑞宫记》摩崖刻石等名胜古迹早已蜚声四海。越王勾践十年生聚，十年教训，终于灭掉吴国洗雪国耻的史实更是一种强大的精神力量，它比这里的绍兴老酒更为人所知。然而，可惜的是，宋朝的统治者既不能像禹王一样，“劳身焦思，居外十三年，过家门而不敢入”，也没有勾践那种卧薪尝胆、振兴国家的复仇意识，只是一味地退让、议和，放在赵构心上的是皇位是否可保。至于锦绣江山，沦陷的同胞，包括被俘到五国城的皇父皇兄，最好不要提起吧，那是他最没有兴趣也最不想谈论的话题。

可惜的是，绍兴这座历史名城并没有给李清照留下快慰的记忆，而是一种雪上加霜、欲说还休的伤心，也使她看到了人性中乘人之危的丑恶的一面。

李清照把仅存的一点书、画、墨、砚放在自己床下，每天都要看一看，摸一摸，唯恐再丢了这点仅存的旧物。一天傍晚，当李清照回到住处后，她惊呆了。床下的七个簏子，只剩了两个，后面的墙壁上赫然被挖开了一个洞。李清照失魂落魄般悲恸不已，立刻出高价悬赏想要找回这些物品。两天之后，邻居钟复皓拿来十八轴书画来求赏，并说，求赏的人不让说出自己的姓名。当李清照用自己的钱高价赎回自己的物品时，她只觉得，这个世界太奸诈、太龌龊、太卑鄙、太无耻、太可恨……

自己作为一个弱女子，又太可怜、太可欺、太可悲、太无可奈何。她忍痛想再收赎所余物品，然而，想尽了一切办法，再也没有收回一件。这样，仅存的七簏物品又丢掉了十之七八。

看来，李清照到了绍兴之后，便再无可献之物，追献自然也就没有了意义。而所谓“颁金”之事估摸也就这样不了了之了。

后来，李清照在《金石录后序》中比较详细地记下了这一段经历，并且抒发了“有有必有无，有聚必有散，乃理之常”的深切感受。

“有有必有无，有聚必有散”，的确是人世常见的一种现象；但是如果真的是一种永恒不变的规律，也就落入了因果报应、善恶轮回的俗套。曾经拥有的，永远能拥有，这恐怕是少之又少。不过，保留的时间长短，就另当别论了。虽说许多人并不见得悟不出这个道理，但是想拥有的照旧孜孜以求，该痴迷的照样执迷不悟，谁要完全参透了，什么都不想拥有，什么都不痴迷，人们都会把他看成是遁入空门的怪人。当然，李清照在这里也有几分无可奈何和故作旷达，毕竟积之太艰、失之太易，藏之太多、留之过微，这是一般人都难以承受的，故作旷达亦无可厚非。

# 对簿公堂

绍兴二年（1132）春天，皇帝回到杭州之后，李清照也从绍兴来到了杭州，这时李清照已经四十九岁了，即将跨进知天命之年。

知天命的年龄，并不一定能掌握自己的命运。第四个本命年，的确给李清照带来了不少麻烦，又打官司又坐监，李清照的再嫁，至今仍然是一桩千古疑案。

李清照来到杭州的主要目的是投靠弟弟李迒，李迒当时担任敕令所删定官，负责编纂朝廷的行政命令，说不上权势显赫，但毕竟是敕令所的长官，有稳定的收入，解决温饱是绰绰有余的。

住在李迒家里，李清照的日子过得平淡无奇，最要命的是她身体和精神状态都比较差，总觉得身心俱疲，无论如何也走不出明诚病故、文物丢失的多重打击，像被强盗掠走了食欲，被魔鬼偷走了笑容，被巨石压住了胸膛，一口气总是缓不过来。

一天午后，家中突然来了一个五十出头中等身材的官人，身后带着两个家仆，抬着一口箱子。李迒请来人在客厅里坐定，上茶，寒暄之后，李迒问道：“先生有何贵干？”

那人赶忙起身行礼，不慌不忙地说：“李删定在上，恕在下冒昧叨扰。在下张汝舟，浙江归安人氏，崇宁二年（1103）进士，去年忝为右承务郎，监诸军审计司。只是平日无缘相见，互不相识。得罪，得罪。”说着，拿出了官文书以自证，并一本正经地递给了李迒。

李迒连忙拒绝，惊恐道：“不必，不必，难道鄙局的审计有些问题？”

“不不不，没有没有。在下登门只是拜访。”

李迒松了一口气，说：“下官历来与先生并无交集，您有什么事就请直言吧。”

张汝舟点了点头，从容地说：“说来幸运，在池州时曾与令姐为邻，我是专程来拜访的。”

“抱歉。家姐身体微恙，不便见客。”

“李删定，赵府尊和令姐在池州曾经小住过一段时间，在下当时为军中小吏，也在池州，与令姐住在同一户人家的院子里。当时看到赵府尊和令姐收藏了那么多价值连城的文物，崇拜有加，对他们独一无二的文物鉴定眼光更是佩服得五体投地，我今天来，就是想……”

“我明白了，实在对不起，姐夫在三年前已不幸病故了。”

“是的，我早有耳闻，只是关山阻隔，未能亲临祭拜，至今惶惶。不过，令姐文物鉴定的眼光不在赵府尊之下。我这次冒昧带了几件文物，想请令姐过过目。”

“家姐微恙，不知……”

张汝舟立刻打断李迒的话：“没关系，没关系。这事不着急，我先把东西放下，令姐什么时候大安了，什么时候再看，我可以等。”

“这不合适吧？”

“李删定，您的诚实高洁，京城闻名，无人不知，无人不晓，没事，先放下，难道您还能把它们偷换了不成？”

善良的李迒抵不住张汝舟的花言巧语，只好让他把文物留下相机鉴定。

十几天后，张汝舟带了三种杭州特有的糕点、上好的绸缎，还有一只金钗、一对玉镯，又来到李迒家中，但是不巧，李清照病情好转，与弟媳一起到西湖散心去了。李迒说：“张先生，你带这些东西，太见外了，我们无功不受禄，万万使不得。”

张汝舟说：“令姐大安，可喜可贺。这点东西，不成敬意。本想见令姐一面，畅叙池州旧情，不意令姐出游，未免遗憾，改日再来拜访。”

“我们相识不久，先生就厚礼相送，实在不敢领受。”

“你我同朝为官，日后还指望李删定大力提携；再说令姐一代才女，千金之体，在下岂敢白白无酬相劳。只是不知道买什么合适，这点礼品，权当鉴定酬金，万望李删定笑纳。惭愧，惭愧。”说着便起身告辞。李迒还没有缓过神来，张汝舟已经快步走到大门之外去了。

又过了几天，一个四十多岁的女人来到李迒的家中。李清照的弟媳接待了她。在客厅里坐定以后，弟媳开门见山问道：“无事不登三宝殿，不知您登门有何见教？”

“我是来牵红线的。”

“我家一无待婚之男，二无待嫁之女，牵什么红线？”

“我是来给令姐牵红线的。”

弟媳一听这话，大惊失色，厉声反问：“谁说我姐要嫁人了？”

“张审计，张汝舟不是都给你家下过聘礼了吗？你还不知道？”

这些对话，卧房中的李清照听得一清二楚，立即走了出来。媒婆一见，马上搭腔：“姐姐果然是仙女下凡，我见过多少漂亮的女人，也没见过像姐姐这样标致的，我要是个男的，也非你不娶。我是……”

李清照说：“眼下我虽寡居，但是日常起居，还有弱弟尝药，老兵应门，日子虽不是大富大贵，但维持生计绰绰有余，绝无再嫁的念头。”

“张审计在池州的时候，就仰慕姐姐的才华，欣赏姐姐的容貌。弟弟再亲，也不如自己有个家呀。”

“我出生在书香门第，父亲是科班出身，礼部员外，从小就教育我正派为人，中规中矩。母亲也是名门闺秀，知书达理，教育我饿死事小，失节事大。我怎么能放弃女性最要紧的贞操，一妇而事二男呢？再说我公公两度为相，我相公连守两郡，掌府建康，我都四十九岁了，如若再嫁，相府的体面何在？赵家的尊严何在？”

“赵府尊虽是样样都好，可惜英年早逝。姐姐再走一步，也不失为上策。”

“我与夫君情投意合，忠诚第一。我们都是有教养的人，都有共同的情趣爱好，都把文物和文学看成是人生的不朽伟业，在共同创作、共同收藏、共同鉴定的过程中，凝聚成了常人难以想象难以理解的感情。我心里绝对无法接受另外一个男人。请你自重，不要再谈再嫁之事，速速离开我家。”

“你们不是都收了张汝舟的彩礼了吗，怎么现在又这样说？”

“谁收了他的彩礼？那是张汝舟放在这里让我鉴定文物的。他既然派你来，请你回去转告他，让他把他的东西拿走，出了问题，我们概不负责。”

当天晚上，李迒回到家，李清照和弟媳一起埋怨李迒做事欠考虑，惹下了麻烦。最后，三人统一了口径，绝不接受提亲，让张汝舟赶快把所有东西全部拿走。

第二天，张汝舟带着一帮人来到李迒家。李迒以为张汝舟是来取回东西的，没承想，张汝舟先是自作多情，软磨硬泡，力图促成婚事；接着又颠倒黑白，一口咬定，那些东西就是彩礼，不然为什么会有金钗、玉镯、绸缎之类？然后又无中生有，污蔑李家用赝品偷换了他的文物……被一一否认后，眼见企图通过婚姻霸占李清照及其文物的狼子野心无法实现，张汝舟便仗着人多势众，大打出手，又砸东西，又打人，把李家砸得一片狼藉。李迒一介文人，哪里是张汝舟的对手，只能任凭这一帮暴徒肆虐。临行，张汝舟又放出狠话，说李家必须拿出文物真品，否则，天天来要，绝不罢休。

无可奈何之下，李清照只好去官府告状，希望通过法律途径惩治恶贼。不料这事上达天听，皇帝指示，从严查办。

临安府为了落实圣上旨意，仔细调查取证，为防止串供，杜绝捏造伪证，干扰审理，就把原告和被告都关押隔离起来，直到开庭当堂对质。

最后冤情大白，李清照被无罪释放。然而，由于张汝舟之流四处煽风点火，推波助澜，好事者又添油加醋，虚构演绎，李清照再嫁的传闻，在杭州城里不胫而走，闹得满城风雨。

# 校订《金石录》

李清照又病了。失去赵明诚已让她遭受了一次毁灭性打击，加上被诬蔑陷害气愤难平，而现在又上了年纪，导致她这次又病倒了。虽然久病在床，但好在没有性命之虞，所以李清照很平静，没有恐惧，没有呻吟，没有悲叹，没有愁眉苦脸，有的是更多的从容，更多的淡泊，更多的顿悟，更多的直面生命的平常心。

在刚刚能够强支病体起身离榻的时候，李清揽镜自照，顿觉双鬓华发皤然，本已憔悴的面容显得更加枯槁，仿佛一夜间又老了许多。

一段时间后，李清照开始病愈，却还不能长时间久坐，因此她常常躺在床上，卧看月亮在窗棂上东升西沉。

绍兴四年（1134）七月的一天，谢伋来到李清照的住处。寒暄之后，李清照问其来意，谢伋说："家父近日身体有些不爽，想见见你，万望能拨冗前往。"李清照爽快地答应了谢伋的邀请，立刻动身乘车去谢家。半路上，虽然谢伋再三阻拦，李清照仍然下车买了些果品糕点，因为谢伋的父亲谢克家与明诚是中表且长于明诚，又在病中。

来到谢府，谢克家斜靠在床上，跟前有二三个家属和仆人正侍奉着。大家互相打过招呼，稍坐片刻，谢克家用眼睛示意旁人退下，包括谢伋。

房子里只剩下谢克家和李清照两人。

谢克家用浑浊的日光看着李清照，慢慢开了腔："弟媳贵庚几何?"

"枉活五十一岁。"

"哎，老啦，老啦！当年在汴京，谁不羡慕我表弟，娶了一位又漂亮又贤惠又有才学的好媳妇，如今，也是两鬓苍苍，一身憔悴啊!"

"嗨，说这些干什么……您的病最近怎么样了?"

"我自己的病，我清楚。灯底子的油，熬不了多少时间了。今天请你过来，是想把我压了快一年的话告诉你，不知你是否承受得住这个打击?"

"姨兄，您不必多虑。清照的命，您最清楚，我活到今天，天塌地陷的事儿都经历了，还在乎什么坑坑洼洼呢？您有话请直说。"

"那我就直说了。去年九月十一——我记得很清楚，我在法慧寺——就是现在的秘书省，见到了你家的墨宝……"

“《进谢御赐诗卷》?”

“是呀，蔡老前辈的《进谢御赐诗卷》。”

“可是真品?”

“还能有假？此帖在东京时，明诚曾让我多次观赏，我还能看走了眼?”

“可有名人题跋?”

“有呀，米芾的。”

李清照沉默了。她完全相信谢克家的眼力。此刻她心中涌起一股愤恨和愧疚交织的大潮，但面对病人她立刻抑制下去。稍稍平静后，故意放缓节奏说：“姨兄，实不相瞒，我和明诚耗尽毕生心血收集的金石书画，如今已是竹篮打水。青州扔了十几房，洪州扔了十几车，剡县扔了所余的一多半，到了绍兴又让人偷了个精光。这蔡氏帖就是在绍兴让人偷走的。强盗竟然在墙上挖洞，连竹篓一起盗了个片纸不留……此帖现在为何人所有?”

“帖子是法慧寺的和尚让我题跋的，但他明说，这是受人所托。我问他何人所托？那和尚说，如果能讲，帖子的主人就自己请你题跋了，何必拐这个弯子？我看实在问不出来，也只好作罢。”

“那……您题了吗?”

“题啦。为什么不题？这是姨弟旧物，我岂能空放?”

“您如何题的？”

“我自然是直说。我就写：‘姨弟赵德甫，昔年屡以相示。今下世未几，已不能保有之，览之凄然。汝南谢克家。癸丑九月十一日，临安法慧寺。’”

李清照和谢克家泪眼对泪眼，只是谁也没有让眼泪淌出来。他们两人都沉默了，长时间的沉默，谁也说不出一个字来，都不想再说，也不能再说，再说必然导致二人失声痛哭。

李清照也清楚，在病人跟前流泪是不吉祥的，谢表兄完全是一腔真诚。她恨自己，恨盗贼，更恨这个多灾多难的世道，她多么想让谢克家代自己对赵明诚说一声“对不起”，然而，她能对一个病危的人说这样的事情吗？

乘车回到住处，已是掌灯时分。李清照跌跌撞撞回到房中，理智的堤岸再也无法控制，不断积蓄不断高涨的痛苦和悲伤冲出喉咙，淹没了理智，她没去点灯，而是情不自禁地大喊一声“明诚——”，便扑倒在床上，泣不成声了。

她的感情像汹涌澎湃的江涛，像争先横渡的乱云，两年来她颠沛流离独自谋生的艰难困苦、委屈伤心，六年来国破夫亡、文物流散的惊悸、哀悼、愤懑、孤独，三十三年来与赵明诚共同生活的欢乐痛苦、成功失败、顺利挫折，五十年来由明水到汴京，由青州到莱州、淄州，由建康到杭州的所有经历，种种复杂的感情，闪电般在脑海中化入、淡出，每一个生活细节，每一段感情经历，都形成了飞速急转的漩涡，变为不顾一切扑向礁石的巨浪，化为席卷太空的狂风，变成点亮宇宙的电鞭。她只觉得浑身的血液在奔突，浑身的血管在暴涨，浑身的肌肉在颤动，浑身的神经在发烫，烫得她四肢不断抽搐，烫得她两眼金星飞溅……她不知道自己要如何来宣泄这一切人生的恩怨，也不知道最后是如何噙着泪水进入了梦乡……

第二天清晨，窥檐的鸟雀唤醒了四肢无力的李清照。她睁开双眼，借着窗户上黎明的清光，发现自己没脱衣，也没盖被，昨天下午和晚上发生的一切，立刻全都回想起来了。她苦笑片刻，洗脸换衣，在书桌前歇息片刻，开始校订《金石录》。《金石录》的体例与欧阳修的《集古录》相仿，著录了赵明诚、李清照所考察收藏的钟鼎彝器的铭文款识和碑石拓本，按照时间先后排列，上起三代，下迄五代，共两千种，分三十卷。其中前十卷是目录，按时代先后，每一目下标明年月和撰写者姓名；后二十卷是题跋，是对部分文物进行的研究辩证，共五百零二则。

她清醒地意识到，这是赵明诚的一项未竟之业，是他们二人留给后世的金石专著，是祖国珍贵文物的真实记录，对于研究中国的历史、政治、经济、文字、文学、艺术、风俗、民情等都具有重要的文化价值。为此，做好这一项工作，是责无旁贷的，也是功著当世、利溉千秋的。

这部书实际上是赵、李二人心血的结晶。其中的原文誊抄稿和题跋说明，有的出自李清照之手，有的是赵明诚亲自抄撰。如今，手稿墨迹尚新，而斯人已去，墓木已拱，抚今思昔，岂能不感慨万端。再加上由于原物原件的丧失，为书稿的整理增加了许多难度。李清照只好一边整理，一边回忆，每一条目，每一款识，都熔铸着她和丈夫的研究成果，都镌刻着她同丈夫的生活和感情。在整理的过程中，李清照与赵明诚共同生活的情景，特别是赵明诚的音容笑貌，常常随着文物一起涌上心头，整理这部书稿，等于重新走了一遍过去的生活历程。这使李清照既兴奋又失落，更感到整理《金石录》的责任重大，她要求自己一丝不苟，兢兢业业，这是对历史负责，也是对未来负责。

经过整整两个月的辛勤付出，《金石录》终于整理完毕，李清照有一种如释重负的快感，为此，她饱含深情写下了《金石录后序》。这是对整理工作的一个总结，也是对她和赵明诚金石事业的一个总结，成为后人研究李清照及赵、李二人关系的最重要的文献。

# 避难金华

绍兴四年（1134）十月，金军重兵压境，前线告急，宋高宗赵构决定御驾亲征，他带着御舟三十余艘从临安出发北上，朝廷日常工作暂时停办，只留几十人留守，其余人全部疏散，同时他发出诏令，允许官民自行其便。李清照就是在这种情况下，从临安（杭州）去往金华避难。她沿着富春江逆流而上，顺道观赏了严子陵的垂钓处，写下了《钓台》七绝。

李清照沿江而上，只觉得富春江就是一幅令人神往的山水画，而桐庐则是一方镶嵌在富春江上的分界碑。从桐庐到富阳的一百多里，奇山异水层出不穷，天下独绝；水流是如此平缓，又是如此清澈，水中游鱼细石，直视无碍；江水如同晴好的蓝天，秀丽的山峰则像是蓝天中的云彩，风帆、水草、鱼虾，则是蓝天中的宠物，李清照觉得自己也成了这美景的一分子，完全沉浸在轻松自在的快乐之中。

经过桐庐继续往上行走，就到了梅城，进入七十里大峡谷，这里的景色是完全不同的另一番姿态。李清照看着两岸群山夹峙，峭壁如削如劈，江水犹如百里素练，船只在层峦叠峰之间穿行，鸟鸣清脆，猿啼哀怨，倏忽之间，樯橹已经飞越到七里之滩。七里泷素有“小三峡”之称，乘船行进在七里泷中，李清照只觉得飓风与长林在百里江岸上激烈厮杀，浪涛与沙渚在山岸圈定的擂台上无情搏斗，林涛声、江风声、水浪声，裂岸撼滩，强烈地震撼着自己的心魄。

入峡不到十华里的地方，两岸山峰如壁，直视对峙，巉岩突兀而起。这时，夜幕即将来临，李清照远远看见，在桐江的南岸有两座青黛秀美的山峰，在山峰的顶巅，有东西两个平台，东台之上，有一座亭子翼然独立，离水面十五丈有余。李清照心想，这应该就是东汉名士严子陵的隐居垂钓之处了。

李清照知道，严子陵本来姓庄名光，为避汉明帝刘庄之讳改为严姓。他与东汉的英主刘秀是少年同窗，在刘秀建立东汉的过程中，严子陵也立下了不朽功勋。刘秀登基之后，本想委严子陵以重任，但严子陵已倦于政事，因此隐居在富春山，耕钓自安。相传江中几千尺的长石，便是严子陵垂钓之所。自己敬重的著名的政治家、文学家范仲淹，曾在东台修建了严子陵祠，并著文曰：“云山苍苍，江水泱泱；先生之风，山高水长。”

这时，李清照看到宽阔的江面上，穿梭着来来往往的巨舰小船，乘船的，摇船的，不是为了“利”，就是为了“名”，奉行的都是活命哲学。这些人面对严子陵的高风亮节，应该都觉得无颜正视吧，于是都趁着夜色匆匆走过。应该说，李清照的感情是复杂的，既对朝中少有严子陵式的雄才大略的人物感到失望，又对包括自己在内的所有经过的人感到羞愧无奈。

夜色模糊了李清照的视线，东西钓台在天地之间勾勒出万年不变的轮廓，她似乎觉得严老前辈正在上面端坐垂钓，眼角唇边流露着鄙夷不屑的神情，在这样的情况下，李清照吟成了七绝《钓台》：巨舰只缘因利往，扁舟亦是为名来。往来有愧先生德，特地通宵过钓台。

## 上缴朝廷秘籍

绍兴五年（1135），又一个姹紫嫣红的春天来到了金华大地。已是暮春光景，太阳变得热烘烘的，树木愈加葱茏丰腴，绿茵茵的草地似乎忘记了昨日的荒芜和凄凉，芳菲殆尽的春花为韶华顿失满脸憔悴，垂头丧气，偶尔可以听到鹧鸪的凄鸣，子规的悲涕。

一大早，邻舍的几位妇人相约来到李清照的家中，想邀请李清照一起到双溪出游。她们先投其所好，对李清照说：“老妹子，咱们一起到外面转转去吧，整天在家，都快闷出病来了。”

“都暮春时节了，天也热了，花也谢了，还到哪里去？”

“听说山里双溪的景色还很好的。”

“我实在没有太大的兴趣。”

“老姐姐，你真是，赶快收拾收拾，一起到双溪游玩吧。”

“实在对不起，我这几天身体不太舒服，还是你们结伴出游吧，以后有机会，一定与姐妹们畅游一次。”

没去双溪，并不意味着李清照在金华没有出游过。受房东陈先生一家盛情相邀，李清照就曾到八咏楼一游。

陈先生是个文化人，平日里曾在多位缙绅家坐馆，在当地颇有名声。日常也喜欢与李清照聊天闲谈，这使李清照的内心得到了些许安慰。

四月的一天傍晚，陈先生与李清照在院子里闲聊。陈先生说：“居士阁下，其实金华还是有许多可去之处的。比如北山，在金华城的北面，层峦叠翠，林木葱茏，五洞十景，奇异壮观，有道教第三十六洞天之说，其中最著名的是双龙、冰壶、朝真三洞。朝真洞有一隙天光，冰壶洞捧万斛珠玑，双龙洞则外悬二门，内设重幄，幽明互衬，水陆兼奇。居士是否有意一览胜景？”

“陈先生，从文化的角度来看，金华还要数八咏楼为最。”

“是的，是的。老朽没去过八咏楼，听说八咏楼的名称，是本朝太宗时期的郡守冯伉所定，不知居士有何见教？”

“岂敢，岂敢。其实，这只是祝穆《方舆胜览》的说法，并不完全可信。您看唐人崔融就有《登东阳沈隐侯八咏楼》的诗，崔颢也有《题沈隐侯八咏楼》之作，大历时诗人严维《送人入金华》诗中‘明月双溪水，清风八咏楼’更是为人所熟知的名句。可见，最迟在盛唐时就有了八咏楼的称呼。”

“受教，受教。那么，沈约的《玄畅楼八咏》，是哪八咏呢？”

“应该是《登台望秋月》《会圃临春风》《岁暮愍衰草》《霜来悲落桐》《夕行闻夜鹤》《晨征听晓鸿》《解佩去朝市》《被褐守山东》吧。”

“老朽只知其一，不知其二。居士阁下，干脆，我去找一辆车子，明天，我们全家邀您一起游八咏楼，万勿推辞。”李清照答应了。

第二天，李清照与陈先生一家驱车来到八咏楼。大家踏着百余级的台阶拾级而上，只见巍峨雄壮的八咏楼坐北朝南，俯视着面前的武义江和义乌江缓缓流去，凉风习习，白云悠悠，绿树葱葱，鸟鸣啾啾，把人的心情都过滤得澄澈无尘。当然，重中之重还是观览沈约等名人的题咏。

午后，他们回到了住处，休息饮茶。陈先生趁机问李清照：“居士可有诗兴？”

李清照也不推辞，挥毫题诗：

题八咏楼

千古风流八咏楼，江山留与后人愁。
水通南国三千里，气压江城十四州。

陈先生见了诗作，啧啧称奇，赞不绝口道："居士神来之笔，气势磅礴。这'风流'二字可是指沈约吗？"

李清照说："先生高见。八咏楼上，历代前贤，文人墨客，登楼抒怀，留下了很多华彩诗章，诗亦风流，人亦风流，楼亦风流。特别是沈约，本有宰辅之志，但不被朝廷重用，其八咏诗，就寄寓了自己的抑郁胸怀。"

"可是，居士为什么要凸显一个'愁'呢？"

李清照说："诗无达诂。'江山'，既是八咏楼，又是浙江，又是整个国家江山。江山如画，却不能保有祖宗基业，放眼尽是血雨腥风。金人大势已成，还不断对江南虎视眈眈，发动攻势，北方的遗民在异族的铁蹄下望眼欲穿，可是和议派的政策正大行其道，半壁江山已岌岌难保，怎能不让人愁满江天！"

陈先生又说："斗胆求教居士，'水通南国三千里，气压江城十四州'两句，与晚唐五代诗僧贯休的'满堂花醉三千客，一剑霜寒十四州'可有些关联？"

“先生的确博识。诗僧贯休就是当地兰溪人氏，钱镠称吴越王时，他曾投诗相贺，诗中有‘满堂花醉三千客，一剑霜寒十四州’之句。钱镠当时有称帝之心，想让贯休把诗中的‘十四州’改为‘四十州’，贯休忠实于吴越的实际情况，不肯轻改，以为州亦难添，诗亦难改，依旧闲云野鹤，持钵而去，远走蜀中。您看当下形势，淮河以北，尽属腥膻之辈，依我朝实力，扫清胡虏，收回燕云，何时可以实现？”

陈先生也陷入沉思之中，紧接着又提出一个请求：“居士七绝，经天纬地，忧患意识溢于言表，与前朝名家题咏相比，有过之而无不及，必定扬名当朝，流芳万代。老朽有个小小请求，居士的墨宝，不敢强求，誊抄一份总是可以的吧？”

“先生瞧得起，自可誊抄，不然，先生让我分摊车马费，我可无处筹措。”

五月中旬，金华县令带着一位操着东京口音的官人，还有两个随从，来到陈氏院中。陈家人立刻紧张起来。待茶之后，金华县令说：“这位官人是从临安来的，听说你们这儿住着一位姓李的妇人？她在哪里？”

“是有一位李氏妇人，她上街去了，刚走了一会儿。”陈家主人恭敬地回答。

县令与临安来的官人交换了一下目光，然后对房主说：“你知道她是谁吗？”

“知道一点。”

“她是已故宰相赵挺之的儿媳妇，江宁知府的夫人，著名女词人李清照。我们这里有一封公文，是朝廷发来的，她回来之后，请你交给她。一定要确保万无一失，否则吃罪不起呀！你可能办好？”

陈家主人说：“没问题，一会儿她回来我交给她就是了，确保万无一失，万无一失。”

李清照回来后，陈氏瞪着惊讶的目光审视着李清照，好像不认识她一样。李清照也莫名其妙起来。陈氏斟酌着字句客气地说：“居士，实在对不起，我们平时做事、说话多有唐突，还望海涵。这里有朝廷来的一封公文，是县太爷让交给你的。”

李清照先是一惊，不知道出了什么事，然后立刻镇定下来，和颜悦色地说：“陈先生，您千万不必多虑，我只不过是一个孤苦伶仃的老女人，避难金华，有幸住在贵府，承蒙你们全家在各方面多加照顾，让我生活得很安全、很舒服。只可惜我一个漂泊之人，无以为报，惭愧、惭愧呀！”说着把公文接了过来。

回到房中，李清照打开公文一看，是秘书省奉旨来要《哲宗实录》的。这部朝廷的秘籍是宋徽宗时主持修撰的。由于东京失守，二帝被掳，秘书省和尚书台、御史台、枢密院的许多重要档案和书籍都流失于战火，现在有人说赵挺之当年让人抄录过一个副本，所以分别向在福建泉州任职的赵思诚和在金华避难的李清照发出公文，追问副本的下落。

《哲宗实录》分为前实录和后实录两部，前实录一百卷，后实录九十四卷，共一百九十四卷，记载了哲宗在位期间的所有重大事件和活动。赵挺之死后，由赵明诚带到青州，后来由李清照带到建康。她深知此物的重要价值，把它当作文物珍品，不离左右。早在绍兴二年（1132）十一月，秘书省监洪炎就上本，要求在已故宰相余深和赵挺之家中，将有关朝廷实录的善本收缴到朝廷。绍兴四年（1134）五月，“以范冲为宗正少卿兼直史馆，重修神宗哲宗正史、实录”，至此，重修之事已经进入务实阶段。

绍兴五年（1135）二月，宋高宗回到了临安，所有官员放假三天。三月，范冲上《神宗实录考异》，把《神宗皇帝实录》修订过程中遇到的问题，进行了详细的汇报。由此，皇帝任命尚书左仆射赵鼎监修国史，虽然赵鼎与直史馆范冲为外姻，亦不避嫌，这分明是要严格把关，保证质量。而这时《哲宗实录》尚未修成，因此，收集资料又成为当务之急。

李清照看了公文，额上、鼻尖早已渗出汗来。因为私自传写皇帝实录，乃是违禁之事。赵挺之当年身居高位，又兼任过实录修撰，但家中私藏《哲宗实录》，显然是利用职务之便私下传写，这是违法的。李清照详细推敲公文的口气，发现没有责备的意思。她想，有罪也是公公的，而且公公已经过世。现在资料散佚，若没有此书，《哲宗实录》便无法修撰。看来，这件事很可能是将功补过，不奖不罚。再说，此事已被告发，插上翅膀也是飞不掉的，还不如如实上缴，听凭命运的安排。

这样，李清照稍作整理，同陈氏一家洒泪相别，并把自己的新作《题八咏楼》重写一纸，作为永久的纪念赠给陈先生，便同临安来的公人一道返回临安。

回到临安后，李清照立刻将《哲宗实录》上缴给了朝廷，并在临安定居下来。

拾壹

# 萧条晚景

## 上表《金石录》

绍兴十年（1140），李清照为中国文化做了一件很有意义的工作——把《金石录》上表给朝廷。

之所以选择这个时间，是因为这个年份具有非常重要的纪念意义。这一年是赵明诚诞辰六十周年，也是赵明诚逝世十周年，还是李清照与赵明诚结婚四十周年。为了纪念这个日子，缅怀她与赵明诚刻骨铭心的爱情，推动、发扬他们的文物事业，李清照选择了这种最好的纪念方式。为表虔诚，李清照决定亲自整理，亲自誊抄，绝不让别人代劳代笔。她已经五十七岁，眼睛花了，看不清小字，她就买了一副眼镜来矫正视力，决心要把这件事做得一丝不苟。用了半年多的时间，终于在赵明诚的忌日之前，完成了誊抄工作。

她挂起赵明诚的画像，注视着他那深情而炯炯有神的目光，焚香、祭祀、默悼，把自己的心事告诉赵明诚，然后去上表朝廷。

上表《金石录》的确是一件功德无量的事情，它是李清照对中国文化的又一重大贡献。这不仅是因为这部书是金石界的扛鼎之作，注录了两千件贵重金石的名称，更因为它的二十卷题跋，倾注着赵明诚和李清照大半生的研究成果，涉及政治、思想、官制、行政、宗教、地理、历史、语言、文学、书法、绘画、文体、礼仪、人物等诸多方面，并且可以从中看到赵、李研究金石的一些珍贵的相关资料，具有小百科的性质。

## 久别重逢

绍兴二十年（1150），李清照已是六十六岁的高龄了，定居临安这些年，李清照一直过着清心寡欲的生活。国家的破亡，明诚的早逝，文物的毁弃，合成了她心中最大的忧郁。她没有了任何经济来源，可是吃饭、穿衣、房租等种种必不可少的开支又无可旋避，这是最现实的问题，也成为她沉重的心理负担。生活，维持最平常甚至最低微的生活，对她来说，也成了一件很困难的事。

在漫长的岁月中，她真切地体会到一个平民百姓活着的难处，更体会到一个女人独立生活的百般不易，特别是一个寡妇独立生活在一个男性文化占统治地位的社会中的万分不易。实在无可奈何时，只好逐次变卖劫后余生的少量文物，来维持最低水准的生活。即使这样，一些极有价值的精品，她还是迟迟不肯出手，因为她知道这些文物的价值，宁可自己忍饥耐寒，粗茶淡饭，也不能轻易把这些稀世珍宝抛售出去。到六十七岁时，身边仅存的文物也已寥寥可数了，《灵峰行记帖》就是其中之一。

《灵峰行记帖》是北宋四大著名书画家之一——米芾的一件书法珍品。他曾为赵明诚题跋过蔡襄的《进谢御赐诗卷》，当时正是赵挺之为相期间。大约就在此时，米芾将《灵峰行记帖》赠送给了赵挺之，后来为赵明诚所收藏。

米芾的大儿子米友仁，字元晖，在书画方面也有相当高的造诣，受其父的影响颇深，人称“小米”，早年便以书画知名，北宋徽宗宣和年间应选入掌书学，南渡后任兵部侍郎、敷文阁直学士，深得宋高宗重视。他的行书成就颇高，又善于鉴赏，山水画发展了其父的技法，特别是用水墨横点写山树云烟，颇受世人看重，自称为“墨戏”，对后世文人画的纵放技法影响深远。

在东京时，米友仁同赵明诚就有交往，李清照也得以认识米友仁。前些日子，一个偶然的机会，李清照才知道了米友仁的近况。

眼下，正是清明时节，李清照备了一壶薄酒、四碟小菜，还有平民百姓多用的枣餬姜豉，在日出时分，恭恭敬敬焚了三炷檀香，向北遥祭了自己的父母和丈夫。虽然明知他们未必能真的享用这可怜的祭品，但她依然极其虔诚，供品做得非常洁净。在铜盆中焚过纸钱之后，李清照回到房中，不由自主拿出旧物把玩，目光很自然地停在了《灵峰行记帖》上，这才想到应该让米友仁作个题跋。

她想，米友仁见到乃父题写的真迹，自然会感慨万千，同时也可以提高《灵峰行记帖》的身价，米氏父子双美合璧，也让后人知道此帖的流传遭际，由此看到世事的沧桑，人生的变幻。

为了安全起见，李清照用包袱把《灵峰行记帖》包裹起来，雇了一辆小车，直奔米友仁的住处而去。

临安城中到处弥漫着浓重的祭扫气氛。家家户户都将柳条插在房檐之上，把一道道小巷、一座座院落装点得青青可爱，苏堤、湖岸、城中之柳却由此大遭劫难，有人作打油诗描写这种盛况："莫把青青都折尽，明朝更有出城人。"

临安的南北两山，车水马龙，人声嘈杂，而野祭者尤多，特别是由北方流落到南方的人，更是朝北遥拜，寄托哀思；更有一些寡妇泪妆素衣，抱儿携女，挎篮带幡，白色的魂幡在风中抖擞作响，更增添了几分清明的凄凉。

当然，还有一些踏青寻胜之人，玉津园、富景园、包家山的桃花，如火如霞，灼灼照人。东西马塍，尼庵道观，野树山花，野趣盎然，使祭扫中的临安仍然执着地表现着自己“销金窝”的特点。

李清照目睹这一切，头脑变得更加清醒。悼念亲人者，她表示同情；追念北宋者，她怀有崇敬；踏青寻芳者，她深表不屑；不思复国醉生梦死的统治者，她更感到愤慨，也为自己叹惋。今天，自己还可以撮土为香，为自己的父母、丈夫和故园奠献几样供品，寄托一份哀思，然而有朝一日，当自己也离开这个世界，跨进冥国大门以后，又有谁来为自己垒一个馒头，焚三炷长香呢……

一路想着，李清照来到米学士的住处。院公通报之后，不一会便对李清照说：“米学士请你进去，请跟我来吧。”

进了大门，绕过回廊，来到后院一个大堂之前。一位老人正站在门口静候。他手拄龙头拐，脚蹬千层靴，衣着整齐，精神矍铄，一束白色长须显得风度潇洒，气质高雅。李清照与米友仁互相对视了一会，才从彼此苍老的面容中找到了四十多年前的记忆，互相搀扶着走进堂中。

米友仁长李清照十岁，如今已经七十多岁了。汴京一别，竟然四十多年从未相见，彼此都改变了太多太多，哪里敢一见面就相认呢？米友仁说：“如果不是院公通报时说出你的姓名，就是在大街上见到你，我也不敢相认啊！”饮茶间，两位老人都不约而同地回忆了往日在汴京的交谊，讲述了靖康以来各自的遭遇，每到凄凉揪心之处，免不了唏嘘感叹，清泪盈眶，二人都有一种恍若隔世的感觉。

最后，还是李清照回归到了主题上，她说：“元晖兄台，常言道，早知三日事，富贵一千年。你我都太平庸，连早一天的事也难以预料，所以只好忍受南迁的痛苦，经历亡国丧偶的打击，更不会想到，在垂暮之年竟然相逢在南国行都的临安。我今天带来了一件令尊大人的墨宝，是令尊大人当年在京城时书赠给我家丞相大人的。后来，婆母让明诚带回到青州。危难之际，我将此墨宝带到建康，又转移到池州。明诚去世后，我把它和另外一些小物件随身携带，以供病中解闷，才免遭洪州兵燹。我辗转到绍兴时，不想被贼人挖穴劫去，我又用重金将它赎回，可谓历尽千辛万苦。今天我是专程来求兄台题跋的，我想，你一定不会推辞吧。”

米友仁和李清照一起小心翼翼打开包袱，毕恭毕敬地展开《灵峰行记帖》，拜观上面峻迈而熟悉的笔迹。米友仁拜观完毕，庄重地对李清照说：“易安居士，这的确是家父真迹。我年过古稀，能见到父亲四十多年前的墨宝，的确是一件幸事，更是一种享受，一份安慰。四十多年过去了，沧海桑田，物换星移，如今我也成了老头子一个，比父亲当年写帖的年龄还要大。说实在的，我眼也花了，牙也没了，手脚也不灵便了，这几年已很少为别人写东西，但是此跋，非题不可。不要说是你专程来要我题跋，就是你没请我，我看见此帖，还得求你在上面题几个字呢。这是人间罕事啊！”说着，便吩咐书童，取出上好的徽墨开研，稍思片刻，便下笔题跋。

题跋完毕，在等待墨迹晾干的过程中，米友仁吩咐厨下准备丰盛的宴席招待李清照，李清照托言力辞。两位老人又讲了一些互相关心的事情，等墨迹完全晾干后，李清照便起身告辞。米友仁把李清照送到门外，安排家人用轿子把李清照送回住处。李清照怀抱墨宝，心里说不出的高兴，一种完成了一项重大任务似的轻松惬意油然而生。

李清照在临安的邻居，有一户姓孙，名叫孙综。孙综原籍是浙江山阴，曾祖孙沔、祖父孙之文、父亲孙延直都做过官，特别是孙沔，官至观文殿学士、户部侍郎，应该说孙家也是书香门第。孙综的夫人梁氏同李清照的交往比较密切。他家有个女儿，年方十五，面目清秀，聪明伶俐，乖巧可爱，深得李清照钟爱。

李清照心想，这个女孩天赋极好，自己也将近七十，若能将平生所学传授于这个孩子，对她以后的生活道路肯定大有裨益，自己的所学也有人继承。

一天，李清照到孙综家去串门，便把自己的想法很客气地讲了出来。孙综略加思索，回答道：“多谢李老妇人的美意，只可惜我这孩子是个丫头。古人说，女子无才便是德，女孩只要长得漂亮，长大找一户官宦人家，便是她一辈子的福气。”

那个女孩也说：“谢谢李奶奶，正如家父所说，舞文弄墨的确不是女孩子应该关注的。”

可见，李清照晚年，很想把自己的平生所学传教于人。这是一种女性教育意识的自觉，也是用知识来充实女性的一种思想。但是，由于当时传统的封建思想的毒害，不要说家长们大都不重视女孩子的文化教育，就是女性自己也对“女子无才便是德”深信不疑心甘情愿作为丈夫的附庸，依赖男人而生活。

## 青史无言

李清照的死是一个历史的空白。

我们不知道这位封建时代最伟大的女作家死于何年何月何时，何街何巷何院，何病何因何故，甚至连临安这个死亡之城也是推测出来的。我们也不知道她葬于何处，是否同赵明诚合葬也不得而知。

历史的空白造成了研究的盲点。翻遍书史，没有一个有心人关注过这位文坛巨星的最后归宿。即使杰出如李清照的女性，也会受到占统治地位的男性文化的排斥、冷漠和轻视。

太阳是宇宙的天子，星星便是宇宙的女儿。白日里没有星星的位置，她们只能在无边的黑夜里泪眼闪烁。月亮其实是个大叛贼，她因为太多地沾了太阳的光，因此常想遮掩其他同胞的光芒，并不惜耗损自己的精神。在新月西沉的漆黑的夜幕上，一颗巨星拖着长长的亮尾划过长空，向东方飞驰而去。她想点亮一个新的太阳，一个女性的太阳，然而还没有找到另一个世界的出口，她的精魂就燃尽了。

她走得无声无息。李清照也同样无声无息地离开了人间。

死亡是人类共同的归宿，男人与女人，乞丐与皇帝，古人与今人，都无法逃避这个归宿。后人能不能？似乎也没有这种可能。在这个意义上，人生就是一个由出生到死亡的时间过程。

然而人生的意义并不在于这个时间过程的长短，而在于他在这个时间过程中为人类文化的积累增加了什么。当然，这里的文化是一个大文化概念，包括物质文化和精神文化。儒家的“不朽”论，正是这样一个具有积极意义的哲学命题，只不过有些偏颇而已。

李清照的死是一个历史的空白，但她却是中国文化史上的一座高耸的丰碑。

儒家是鄙视女性的。以儒家思想为统治思想的宋代社会，并不想为女性的不朽提供挑战性、刺激性和选择性的机遇。那么，李清照为什么在这样的社会条件中能成为千古不朽的女杰呢？

三从四德是那时套在所有女性脖子上的缰绳。然而对某一个具体的女性来说，又呈现出具体的生存状态。李格非和王氏都是那个时代的开明人士，在李清照的教育问题上还有点超前意识，再加上长幼之序的古训，李清照受到了同这个家庭中的男孩李迒同样的文化教育。这是李清照良好素质培养的沃土，也是她的潜能得以开掘的基础。

一般而言，经济实力、文化层次和生活水平越低，男尊女卑表现得越突出越顽固越不易逃避。李清照幼年没有冻馁之苦，李格非的俸禄完全能够维持全家的小康生活水平，阅历和地位更促使他对李清照抱有较高的期望值。进入京师后，李格非有意识地让李清照接触并参与社会、官场、衙门、国家的一般问题，不封锁李清照，特别是让李清照作和诗《浯溪中兴颂诗和张文潜》这类活动，让李清照有意识地反思历史，正视现实，对培养李清照的参政意识和社会责任感具有非常重要的作用。在文学的本质及其创作原则、表现技巧等方面，李格非和王氏更是言传身教，理论、示范和训练相结合，使李清照的悟性得到了早期开发和提升，为她日后的创作和研究打下了坚实的基础。

结婚以后，赵家的文化氛围也相当浓厚。赵挺之和赵存诚、赵思诚都是正牌的科班出身，赵挺之的书法还颇有些名气。赵明诚是太学的高才生，更是一个金石文物的痴心爱好者。这为李清照的文学创作和文物研究提供了良好的条件。如果说金石之学是赵明诚从政之余最重要的工作，也是他一生最喜欢的第二职业，那么，它对于李清照，则是与文学创作并重的第一事业。

因为，社会没有给李清照直接参政的机会，优裕的家庭条件，不仅不需要李清照像普通百姓一样为衣食而奔波操劳，而且还为她大量借阅皇家秘籍提供了非常便利的条件。这就使李清照能够继续沿着婚前的创作方向大步前行，并增加了一项新的金石事业，即使在屏居青州的人生低潮时期也没有中断。

后来，江山易帜，明诚英年早逝，残酷的现实灾难把李清照逼上了独立生活的道路。强烈的求生欲望和高度的社会责任感共同铸成了李清照自立自强的品格，使她的文学创作和文物事业攀升到一个更高的境地，染上了强烈的社会政治色彩。这是一种具有本质意义的变化，它使李清照彻底告别了旧时代女性的依附状态，闪烁出自强不息的人生光辉，在女性的人生道路上迈出了具有历史意义的一步。与此同时，她的文物事业也突破了个人收藏的窄小圈子，注入了保护国家文化遗产、推进民族文化事业的积极内涵。她的文学创作也焕发出更加绚丽的色彩，后期作品大多寄寓了强烈的亡国之痛和故国之思，艺术上也达到了炉火纯青的境地。

我们应该为李清照对中国文化做出的丰厚积累而自豪，这也正是这本小书写作的初衷。如果每一个女性都能在承认自己是一个女人的同时，更看到自己是人，而男人也是人，由此像李清照一样不虚此生，用创造业绩点亮自己，当所有的女儿星都点亮之时，整个天空就会泯灭了黑夜，一个没有男女阴阳之别的新世界就会来临。

我相信，那一年，当中国古代伟大的女性悄无声息地陨落的时候，一颗锃亮的新星正在中国大地上扶摇上升，瞬间便镶嵌在人类历史的浩瀚天穹。从此，她耀眼的光辉总是激励人们在布满荆棘的人生道路上坚毅前行，她温煦的热力总是鼓舞人们在殚精竭虑的艺术生涯中精益求精，她无穷的力量总是导引人们在群芳竞艳的文学天地中追梦逐风，不断地诠释着生命的永恒。